나르시시스트
관계 수업

브렌다 스티븐스 지음 · 이애리 옮김

엄마로 인해 무기력한 딸을 위한 회복 심리학

나르시시스트

Recovering from Narcissistic Mothers

관계 수업

유노
라이프
LIFE

나르시시스트와 관계를 맺으며 애쓰는 사람들에게,
그리고 우리 엄마에게.

당신의 용기에 힘을 얻습니다.

엄마와의 관계를 완전히 바꿔 준 책

Emi***| 2021년 5월 3일

이 책은 제가 처한 상황을 완전히 바꿔 주었어요. 이 책으로 인해 12년 동안 절실히 필요했지만 절대 변할 수 없다고 여겼던 엄마와의 관계가 바뀌었습니다. 이 책은 제가 읽었던 다른 책들과는 달랐어요. 보통 책에서는 엄마의 행동을 이해하라고 하지만, 누구나 그렇게 할 수 있는 것은 아니거든요. 그런데 이 책은 '경계, 기대, 행동에 따른 결과'를 정하며 엄마와의 관계를 서서히 진전시키는 법을 제시합니다.

저희 엄마는 자신의 상태를 받아들이지 못하고 다른 사람들에게 문제가 있다고 생각했어요. 이성을 잃고 폭발하거나 저를 심리적으로 조종하고 신체적, 언어적 학대를 가하기도 했습니다. 저는 저에게 문제가 있거나 아예 미쳤을지도 모른다는 생각을 하도록 가스라이팅을 당했어요. 한 장씩 책장을 넘길 때마다 전부 제 이야기 같아 눈물을 흘렸고, 이 책이 저를 일깨웠습니다.

치유하고, 받아들이고, 또 다시 치유하는

Kin*** | 2022년 7월 1일

저는 엄마가 나르시시스트라는 사실을 이제 막 이해한 사람입니다. 처음부터 이 책을 읽었다면 얼마나 좋았을까요. 정보들 간의 균형을 잡는 데 정말 큰 도움이 되었어요. 이제 저는 '엄마가 내게 왜 그런 행동을 했을까?'라고 생각하는 것을 그만두었습니다. 스스로를 지키고 관계의 악순환을 끊는 것이야말로 제 책임입니다. 저는 이제 해로운 사고방식과 저를 탓하는 습관을 버리고 저만의 인생을 살아나갈 방법을 알게 되었어요. 저는 존중과 사랑을 받을 가치가 있는 사람이에요. 이 책을 쓰신 훌륭한 저자님께 깊은 감사를 표합니다!

회복을 위한 안내서로 적합한 책

Amy*** | 2021년 3월 21일

제가 기대했던 만큼 주제를 심도 있게 다루면서도 개괄적으로 잘 풀어 낸 책입니다. 자신이 어떤 일을 겪었는지 이제 막 알게 된 여성들에게는 방향을 제시해 주고, 회복 단계에 접어든 여성들에게는 재차 방향성을 확인시켜 줍니다.

건강한 관계를 위한 훌륭한 지침서

Bei*** | 2021년 7월 28일

나르시시즘에 빠진 부모 밑에서 보낸 어린 시절의 힘든 기억을 뒤로하고 새로운 시작을 하고자 하는 사람들을 위한 훌륭한 지침서입니다. 다양한 사례를 바탕으로, 건강한 자아 정체성과 더 단단한 관계를 형성할 수 있는 잠재력을 되찾도록 안내해 줍니다.

진짜 내 삶을 되찾아 준 책

Kin*** | 2021년 5월 3일

이 책은 제가 찾고 있던 확신을 주었습니다. 이제 엄마의 행동에 대한 이유를 이해하는 것은 제 일이 아니라는 사실을 알게 되었습니다. 그 대신 스스로를 보호하고 악순환을 끊는 일에 전념하고 있습니다. 이 책을 통해 저는 부정적인 생각과 자기 비난을 멈추고 앞으로 나아가는 데 필요한 마음의 힘을 얻게 되었습니다.

주위에 나르시시스트를 뒀다면

Sua*** | 2021년 11월 8일

이 책은 엄마가 완전한 나르시시스트가 아니더라도 나르시시스트와 공통점이 있다면 큰 도움이 됩니다. 예를 들어, 저희 엄마는 딸인 저에게만 차갑고 비판적이었습니다. 그래서 저는 어른이 되어서도 엄마를 대하는 일이 무척 어려웠어요. 그런데 이 책을 통해서 엄마의 냉담했던 비판이 제가 부족해서가 아니라는 사실을 진실로 이해하게 되었습니다. 이 책은 저처럼 어린 시절부터 엄마에게 상처를 받은 딸들에게 자존감을 복구할 수 있는 용기를 줍니다. 또한 나르시시스트에게 피해를 입은 적이 있는 사람들에게도 유용한 책입니다.

엄마와의 관계가 힘겨운
모든 딸들에게

나는 지난 몇 년간 전문 임상심리사로 활동해 왔다. 상담을 해 오는 동안 나는 치료를 받으러 오는 일부 내담자들에게서 비슷한 문제를 발견했다. 공통적으로 계속 들었던 말은 "제가 미친 건가요, 아니면…?"이라는 말이었다. 엄마 때문에 힘들어하는 딸들은 자신의 삶을 통찰하는 능력을 잃어버린 상태였다. 나를 사랑하고 돌봐 주며, 내 경험과 감정을 인정해 줘야 하는 사람에게 어린 시절부터 가스라이팅을 당해 온 것이다. 내담자들은 성인이 되어서도 자신의 의도와는 어긋난 관계를 맺었다. 자신이 맺은 거의 모든 관계가 건강하지 않았기 때문에 이 패턴을 알아차린 사람들은 본인이 문제라는 죄책감에 시달리다 치료실에 찾아왔다.

나르시시즘, 눈에 보이지 않는 폭력

치료를 시작할 때 에리카는 설문지에 다른 내담자들보다 훨씬 많은 내용을 적어 주었다. 그녀가 제공해 준 충분한 정보 덕분에 에리카를 이해하기 수월했다. 그녀가 엄마에 대해 공유한 몇몇 사실들을 읽으며 나는 소름이 끼쳤다. 내가 읽은 내용에는 경계 설정의 부재, 서로 지나치게 의존하는 밀착 관계, 성인이 된 딸에게 통제력을 행사하려는 엄마가 있었다. 이 모든 것은 불안, 우울, 공황으로 이어져 에리카의 삶을 잠식했다.

에리카는 이미 과거에 몇 명의 심리치료사를 찾아갔었다. 하지만 나르시시즘으로 인한 은밀한 학대를 그들은 이해하지 못했다고 한다. 나르시시즘이 무엇인지 그리고 나르시시즘으로 인한 학대가 물리적 폭력이나 방임처럼 분명하게 드러나는 학대와 어떻게 다른지 인지하는 치료사는 드물다.

딸들이 나르시시스트 엄마에게서 경험하는 학대는 미묘하며 타인의 눈에는 거의 보이지 않는다. 하지만 아이는 내면 깊숙한 곳에서부터 이를 느낀다. 그리고 나르시시스트 엄마가 자신에게 가하는 정서적 학대에서 스스로를 보호하려고 일찍부터 방어 기제를 구축한다.

만약 나르시시스트 엄마를 둔 독자라면 회복의 여정을 헤쳐가는 데 도움이 될 만한 신경정신과나 심리 치료, 지지집단 등 다른 방법을 찾아 나서길 강력하게 권한다. 이제는 나르시시즘이라는 독특하고도 은밀한 학대를 당한 피해자들을 이해하는 정신건강 전문가들이 많이 늘어나고 있다. 그렇기 때문에 여러분을 이해할 전문가는 반드시 있다. 무엇보다 전문가들은 대부분 자신이 내담자에게 잘 맞는지 확인하고 싶어 한다. 따라서 앞으로 여러분을 치유의 길로 안내할 전문가를 찾기 위해 그들이 나르시시즘을 잘 이해하고 있는지 물어보기를 두려워하지 말자.

나르시시즘 학대의 본질에는 놀라울 만큼 일관성이 있다는 사실을 상담 과정에서 발견한다. 종종 내담자들에게 나르시시스트들끼리 공유하는 '학대 방법서'가 있는 것 같다고 말할 정도다. 그뿐만 아니라 학대 피해자들의 행동과 반응, 고통 역시 놀랄 만큼 비슷하다. 이 책에서도 여러분은 쉽게 공감할 수 있는 이야기를 발견하고 친숙함과 섬뜩함을 동시에 느낄 것이다.

그러나 여러분이 혼자가 아니라는 사실을 알았으면 좋겠다. 이 책을 덮을 즈음 여러분은 나르시시즘 학대의 개념과 그것이 여러분의 삶에 얼마나 광범위한 영향을 미쳤는지를 알게 될 것이다. 무엇보다 회복을 통해 다른 사람들과 서로 돌봐주는 관계를 맺고 유지해 나갈 준비가 되어 있을 것이다. 자기애성 성격장애의 특성과 원인이 무엇인지도 심층적으로 이해할 수 있다. 또한 나르시시스트 엄마에게 휘둘렸던 과거에서 벗어나 스스로를 보호하는 의사소통법을 배울 수 있다. 무엇보다 가장 중요한 방어 전략인 '경계'를 설정하고 유지할 수 있는 방법도 터득하게 될 것이다.

수고롭고 시간이 걸리는 작업이겠지만, 치유 과정에 빠른 길이란 없다. 회복으로 향하는 여정을 지나면서 여러분은 크고 작은 변화를 겪을 것이다. 우선 자신을 돌보기 시작하면 나를 깎아내리는 말을 더는 용납하지 않게 된다. 그리고 타인에게 베풀었던 존중과 친절을 자기 자신에게도 베풀게 될 것이다.

먼저 여러분은 이 책을 통해 나르시시즘, 즉 자기애성 성격 장애란 무엇이며 이것이 어떻게 발달하는지 이해할 수 있다. 이를 이해하면 나르시시스트의 눈을 통해 본 여러분과 실제 여러분이 다르다는 점을 깨달을 수 있다. 또한 다양한 유형의 나르시시스트가 있고, 그들 모두가 임상 서적에서 볼 수 있는 진단 기준에 들어맞지는 않다는 사실을 알게 될 것이다.

자기애성 성격장애의 원인을 파악하는 과정에서 여러분은 나르시시스트를 연민하고 그에게 공감할지도 모른다. 일반적으로 나르시시즘은 트라우마가 있는 사람에게 발달하기 때문이다. 물론 그들이 트라우마를 겪었다는 사실에 드는 연민이 그들의 행동을 정당화시킬 수는 없다. 또한 그들에게 변명의 여지를 줄 수도 없다. 다만, 중요한 것은 연민과 공감을 통해서 나르시시스트들의 행동을 이해할 수 있다는 점이다. 그들의 행동 원인을 이해하면 여러분이 받은 학대가 결코 여러분의 가치를 나타내는 지표가 아님을 인지할 수 있다.

여러분에게는 정체성을 되찾고 내면 깊은 곳에 있는 진짜 나의 모습을 발견할 수 있는 힘이 있다. 이 책을 통해 스스로의 가치를 알아보기 시작하면 자신을 사랑하고 돌보는 일이 중요하게 느껴질 것이다. 또한 이 책에 소개된 예시와 다양한 일화 등을 읽으며 여러분은 부모의 나르시시즘 학대와 그것이 여러분의 일생에 미친 영향을 깨달을 수 있다.

더불어 나르시시스트 엄마를 둔 딸들이 인정에 매달리느라 얼마나 많은 시간을 허비하는지도 이해하게 될 것이다. 여러분의 자존감을 높일 수 있는 것은 물론이고 근본적으로는 항상 갈망했던 인정, 돌봄, 사랑을 자기 자신에게 베풀 수 있다.

• 목차

독자 후기   • 006
머리말 엄마와의 관계가 힘겨운 모든 딸들에게   • 010
이 책의 활용법   • 014

1장

나르시시스트 엄마의 탄생

나르시시즘이라는 수수께끼   • 023
엄마의 기쁨을 위해 애쓰는 딸들   • 027
그들은 어떻게 만들어지는가   • 033
나르시시즘 바로 알기 자기애적 사회   • 043
내 주변의 나르시시스트 구별하는 법   • 045
나르시시즘 바로 알기 나의 엄마는 나르시시스트일까?   • 056
모두 너의 잘못이라고 말하는 엄마   • 058
제대로 알아야 방어할 수 있다   • 062
나르시시즘 바로 알기 나르시시스트에 관한 잘못된 생각들   • 068
그들은 어떤 무기를 선택하는가   • 070
1장 정리 | 당신 잘못이 아니다   • 079

2장

어긋난 사랑,
애증의 관계, 엄마와 딸

엄마에게 완벽해 보이고 싶은 딸 · 083

멀고도 가까운 모녀 사이 탐색하기 · 086

나르시시스트는 어린아이로 머무른다 · 092

상처를 받는 관계를 스스로 반복하는 이유 · 098

나르시시즘 바로 알기 자기애적 공급원 · 107

사랑한다면서 의존하게 하는 사람 · 109

무조건적인 사랑이 없는 관계 · 114

2장 정리 | 폐허가 된 마음은 복구할 수 있다 · 123

3장

통제된 감정을 알면
출구가 보인다

당신의 진짜 감정을 알아야 한다 · 127

과거에서 벗어나 현재에 머무는 법 · 131

수용을 향한 여정의 시작 · 137

집이 안전하지 않다고 느껴질 때 · 141

나르시시즘 바로 알기 죄책감 없애기 · 149

3장 정리 | 당신은 생각보다 강하다 · 151

4장

관계의 주도권을
빼앗기지 않는 법

주도권을 내 손에 쥐는 법 • 155

명확한 경계를 설정하라 • 163

나르시시스트와 대화하기 전 알아야 할 것 • 171

엄마로부터 독립하고 싶다면 • 176

나르시시즘 바로 알기 엄마에게 편지 보내기 • 182

애도, 앞으로 나아가는 첫걸음 • 184

4장 정리 | 통제권은 당신에게 있다 • 191

5장

상처를 직시하면 시작되는
건강한 관계

악순환의 사슬 끊기 • 195

연락하지 않기로 결심하다 • 200

무너진 자존감을 회복하는 길 • 204

딸은 엄마가 아니다 • 215

나르시시즘 바로 알기 나를 보살피기 • 222

5장 정리 | 당신은 트라우마에서 살아남았다 • 224

<u>6장</u>

스스로를 돌보고
회복해 가는 삶

당신은 사랑받을 가치가 있다 · 229

나르시시즘 바로 알기 **명상과 자기 돌봄** · 233

통제 욕구를 내려놓고 수용하는 연습 · 235

목표는 당신을 나아가게 한다 · 240

나르시시즘 바로 알기 **목표를 세우는 법** · 243

홀로 해냈다는 자신감 · 245

6장 정리 | 당신은 중심을 지킬 수 있다 · 250

맺음말 건강한 관계 맺기는 지금부터 시작이다 · 252

참고 문헌 · 255

찾아보기 · 257

1장

Recovering from Narcissistic Mothers

나르시시스트 엄마의 탄생

Recovering from Narcissistic Mothers

나르시시즘이라는
수수께끼

　그리스 신화에서 나르키소스^{Narcissus}는 빼어난 외모를 자랑하는 인물이었다. 콧대가 하늘을 찌르던 그는 자신을 흠모하는 이들의 마음을 받아 주지 않았다. 나르키소스가 너무 많은 사람의 마음을 다치게 하자 한 여신이 그에게 자기 자신과 사랑에 빠지는 저주를 내렸다. 나르키소스는 우연히 연못에 비춘 자기 얼굴을 보게 되었고 이후 물가를 떠나지 않았다. 웅덩이의 물을 떠 마시려 할 때마다 수면 위로 비친 자신의 얼굴이 사라져 버렸기 때문에 그는 가만히 앉아 자기 얼굴을 바라보며 천천히 죽어 갔다. 바로 이 신화에서 현대의 '자기애(Narcissism, 나르시시즘)' 개념이 생겨났다.

미국 정신의학 협회에서 출판하는《정신장애의 진단 및 통계 편람》의 다섯 번째 판형인 DSM-5에서는 자기애성 성격장애가 있는 사람들을 다음과 같이 정의한다.

"자신의 중요성을 과장되게 인지한다. 무한한 성공, 권력, 탁월함, 아름다움 혹은 이상적인 사랑에 대한 공상에 사로잡혀 있다. 스스로를 특별하고 독특한 존재라고 믿는다. 특별하거나 지위가 높은 사람 혹은 유명 인사들만이 자신을 이해할 수 있고 또 그런 사람들하고만 어울려야 한다고 생각한다. 과할 정도로 타인의 찬사를 요구한다."

자기애성 성격장애가 어디에서 비롯되는지 이해한다면 옆에 있는 나르시시스트가 잔인하게 굴 때 실은 그 사람이 감정적으로 무너진 상태임을 알 수 있다. 나르시시스트가 타인을 공격하는 이유는 본인이 괴롭기 때문이다. 이러한 사실을 기억한다면 엄마가 쏟아 내는 잔인한 말을 그대로 받아들일 필요가 없다는 사실을 알 수 있다. 여기서부터 치유로 향하는 여정의 첫걸음이 시작된다.

나의 엄마는
나르시시스트일까?

여러분은 엄마가 나르시시스트라는 결론을 내릴 만한 충분한 객관적 증거를 가지고 있는가? 아니면 판단하는 데 어려움을 겪고 있는가? 엄마의 내면에 존재하는 나르시시즘을 우리는 어떻게 인지할 수 있을까? 지금부터는 나르시시스트의 성격적 특징과 다양한 유형의 나르시시즘에 대한 통찰을 제공하려 한다. 이 책에 제시된 정보로 무장한다면 여러분은 나르시시즘이 무엇인지 정확히 이해하고 이를 제대로 분별할 수 있다.

지금부터 살펴볼 사례들은 개인의 나르시시즘 발달 양상과 나르시시즘이 양육에 미치는 영향을 다루고 있다. 나르시스트 엄마를 둔 딸들이 어떻게 자신의 가치를 의심하고 매번 스스로가 충분치 않다고 느끼게 되는지를 중점적으로 살펴볼 것이다. 나르시시스트들은 성취를 통해 타인의 인정을 추구하려는 경향이 있다. 하지만 그로써는 결코 마음속 공허함을 채우지 못하는 듯 보이는데, 그 이유에 대해서도 탐색하려 한다. 나르시시스트 엄마를 둔 딸들은 직업적 혹은 개인적인 성공과 관계없이 스스로를 외면하며 자기 태만, 과잉 경계, 불안, 스트레스에 취약한 내성, 낮은 자존감에 시달린다. 자기 의심은 에너지를 소진시키고 삶의 긍정적인 면을 흐릿하게 만든다. 또한 성공의 이유를 자신의 능력이 아니라 다른 환경적 요인으로 여기도록 만들 수 있다. 자기애성 성격장애의 원인과 우리 사회에서 이 장애를 겪는 사람이 증가하는 현상을 이해한다면, 나르시시즘이라는 수수께끼를 어느 정도 풀 수 있을 것이다.

엄마의
기쁨을 위해
애쓰는 딸들

내게 상담을 받았던 내담자 도나는 엄마가 난민 출신이었다. 도나의 엄마는 다소 낡은 여성관을 가지고 있었고 외출 여부와 관계없이 돋보이고 싶어 항상 옷을 차려입었다. 그리고 딸 도나가 자신을 비추는 바람직한 거울이 될 수 있도록 자신이 걸어온 길을 그대로 밟길 바랐다. 도나는 청소년기 내내 그런 엄마를 충실히 따랐다.

도나의 엄마는 딸이 부유한 남자와 결혼해 사람들이 선망하는 동네로 이사하자 뿌듯한 웃음을 지었다. 딸이 결혼을 했음에도 엄마의 기대는 커지기만 했다. 딸이 격에 맞는 옷을 입고 차를 타고 다른 상류층 여성들과 잘 어울릴 수 있도록 압박했다. 절대 스스로를 구경거리로 만들지 말라고 도나를 심하게 짓눌렀다. 시간이 지날수록 도나의 결혼 생활은 점점 비참해졌다. 그녀는 남편 또한 나르시시스트가 아닌가 의심하기 시작했다.

많은 사람들이 도나처럼 새로운 사람을 사귀며 과거의 인간관계를 바로잡으려 한다. 그러나 결국 과거에 우리에게 상처를 줬던 똑같은 유형의 사람을 만나게 된다. 그 사실을 깨닫자 그녀는 남편도 나르시시스트라는 확신이 섰다.

성인이 되어서도
반복되는 굴레

결혼 생활이 무너지기 시작하자 남편은 도나를 고립시켰다. 남편은 부부가 함께 알고 지내던 사람들을 끌여들여 그녀를 비방했다. 결혼 생활은 끝이 났고 아이들마저 등을 돌린 현실에 도나는 무너졌다. 그녀가 의지할 사람이라고는 엄마밖에 없었다. 어쩔 수 없이 엄마와 다시 함께 살아야 했고 그렇게 학대는 반복되었다.

도나의 엄마는 부부관계가 완전히 파탄이 났어도 남편에

게로 되돌아가는 데 필요한 일이라면 뭐든 해야 한다고 주장했다. 엄마는 도나가 남편과 재결합해야 한다고 생각하는 자신만의 타당한 이유를 제시했다. 그러면서 도나에게 다음과 같은 압박 질문을 던졌다.

"그 대가족이 올해 크리스마스에 어디를 가겠니? 아이들이 좋은 대학에 진학하려면 도움이 될 만한 지역에 사는 가족과 계속 연락해야 할 텐데, 그걸 할 사람이 누구겠니?"

도나의 엄마는 딸에게 도움이 될 만한 이유는 단 한 가지도 말하지 않았다.

도나가 남편과 마지못해 화해하려는 모습을 보이고 나서야 엄마는 딸을 받아들였다. 하지만 도나는 엄마와 사이가 나빠질 때마다 엄마로부터 멸시당해야 했다. 그녀는 점점 우울해졌고, 우울감은 결국 표면화되어 신체 질병으로 나타났다. 그런데 도나가 병원에 방문하려고만 하면 갑자기 엄마가 아프기 시작했다. 결국 도나는 엄마를 돌보기 위해 병원 예약을 취소해야 했다. 두 사람의 관계는 도나에게 너무 해로웠다.

그래도 엄마니까
이해하려는 딸들

도나의 사례에서 알 수 있듯이 나르시시스트 엄마의 영향력은 딸이 성인이 되어도, 심지어 가정을 꾸려 독립한 후에도 멈추지 않는다. 딸이 해로운 모녀 관계를 유지하면서 계속 학대를 받는 안타까운 상황에는 여러 원인이 있다. 상담을 할 때 내담자들은 "음, 엄마는 엄마니까 선택의 여지가 없어요" 혹은 "그래도 어떨 때는 제게 잘해 주세요"와 같이 말하며 엄마를 자신의 삶에 계속 붙잡아 두는 행동을 정당화한다.

부모에 대한 의무감은 사회적 차원에서 우리 모두에게 주입된다. 의무감은 나르시시스트 엄마의 농락으로 우리 마음에 더 깊이 파고든다. 그들은 자기 욕구를 채우기 위해서라면 죄책감, 수치심, 심지어 무력감까지 이용한다. 그런 행동이 궁극적으로 본인을 취약하게 또는 어리석게 보이도록 한다고 해도 자신의 욕구를 채우려 들 것이다. 관심과 애정의 욕구는 나르시시스트에게 마약과도 같다. 관심과 애정을 받지 못하면 나르시시스트의 가면은 벗겨지고 그들은 마음 깊은 곳에서 느껴지는 아픔과 공허함을 마주하게 된다.

도나는 결코 채워질 수 없는 엄마의 욕구를 다양한 방식으로 느꼈다. 이는 나르시시스트 엄마를 둔 모녀 관계에서 흔히 벌어진다. 성인이 되어서도 도나의 존재는 엄마의 일부로써 이용되었다. 엄마는 딸의 삶을 통제했고, 그 결과 도나는 엄마와의 관계를 유지하기 위해 엄마가 원하는 일은 무엇이든 했다.

이혼으로 인한 정서적 혼란과 엄마의 극단을 오가는 요구 때문에 지칠 대로 지친 도나는 더 이상 정상적으로 생활할 수가 없었다. 결국 며칠을 침대에만 누워 있어야 했지만, 그때도 도나는 여전히 엄마와 함께였다. 도저히 엄마를 상대할 힘을 낼 수 없었고 달리 갈 데도 없었다. 도나의 엄마는 자신의 주요 자기애적 공급원(Narcissistic Supply, 나르시시스트가 살아가는 데 필요한 타인의 감탄, 인정을 설명하기 위해 사용되는 용어)인 딸과 분리되는 것을 견디지 못했고 오히려 피해자처럼 행동했다. 본인이 절실하게 필요로 하는 타인의 관심을 얻고자 딸의 의무감과 공감, 연민은 물론 동정심에까지 의존했다.

도나는 모든 것을 잃었다. 건강은 더 나빠졌고 전남편의 비방으로 자녀와 친구들은 더 이상 그녀에게 대화조차 걸지 않았다. 도나의 우울증은 심각해졌다. 절망에 빠진 그녀는 엄마가 있는 학대의 소굴로 더 깊이 들어갔다. 하지만 점차 엄마와의 관계에서 진실을 보기 시작했다. 나르시시스트의 증상과 진단 기준을 조사한 후 도나는 자신의 엄마가 자기애성 성격장애라고 비공식적 진단을 내렸다.

성격장애 진단은 정신건강 전문가에게 받아야 하지만 그렇게 할 수 없을 때가 많다. 나르시시스트가 치료를 받는 일은 아주 드물다. 왜냐하면 그들은 자신에게 문제가 있음을 인정하지 않기 때문이다.

심리치료사들이 치료실에서 나르시시스트를 볼 수 있을 때는 대개 그들의 파트너가 함께 오는 경우이다. 부부 상담은 치료사를 마음대로 휘두를 수 없다는 사실을 나르시시스트가 깨닫고 나면 대부분 오래 지속되지 못한다. 가끔 이혼 절차의 하나로, 혹은 범법 행위를 저질러 판사에게 치료 명령을 받는 사람들도 있다. 하지만 여러분의 예상대로 억지로 치료를 받으러 온 나르시시스트들은 치료에서 큰 효과를 얻지 못한다.

그들은
어떻게
만들어지는가

자기애성 성격장애가 어떤 식으로 발전하는지 정확하게 알 수는 없다. 하지만 주로 환경과 유전으로 인한 뇌의 활동 양상이 복합적으로 작용한다. 자녀가 이룬 성취를 본인 자존 감의 연료로 때우려는 부모가 과도한 칭찬을 할 때 아이에게 성격장애가 발현되기도 한다. 임상의들은 자기애성 성격장 애가 아동기에 겪은 학대와 방치의 결과임을 자주 목격한다.

학대를 당한 아이들은 대개 '나는 중요한 존재가 아니며 나의 욕구는 우선시되지 않는다'라고 믿는다. 성인이 되면서 이들은 과거에 받았던 대우를 과하게 보상을 받으려 하고 타인의 관심과 인정에 의존해 그들에게 매력적으로 보일 수 있는 자기상(스스로에 대해 생각하고 느끼는 것)을 만들려 한다. 나르시시스트들은 건강하지 않은 폭력적인 관계를 지속한다. 그 원인이 무엇이든 결과는 변하지 않는다. 이제부터 나르시시즘의 여러 잠재적 원인에 주목해 보자.

무신경한 양육 환경

부모가 아이에게 냉담하거나 무관심하면 아이가 제대로 자랄 수 없는 양육 환경이 형성된다. 일반적인 부모 역할과는 반대되는 이러한 태도가 자녀에게 어떤 영향을 미치는지 속속들이 알 수는 없다. 하지만 방치된 채 성장한 아이들은 자신의 감정에 압도당할 때 적절히 대처하지 못해 어려움을 겪는다.

부모로부터 방임된 아이들은 자아 정체감, 즉 '나는 누구인가'에 대한 일관적인 믿음과 느낌이 부족할 수 있다. 자아 정체감이 낮은 아이들은 어떻게 해야 냉담한 부모로부터 사랑을 얻어낼지 고심한다. 어떻게 해야 부모의 관심을 받을 수 있는지 알아내려 하루의 대부분을 보낸다. 그 관심의 방향이 좋든 나쁘든 상관없다. 또한 방임된 아이들은 부모처럼 행동하기를 강요받는데, 다시 말해 '부모화(Parentification, 아이가 부

모나 형제들에게 부모처럼 행동하도록 역할이 역전되는 것)'가 이루어

진다. 양육자에게 스스로 욕구를 채우라는 책임을 떠맡기 때

문이다.

부모화된 아이들은 어린 시절을 잃어버리는 셈이며 스스

로 버려졌다고 느낀다. 성인이 되어도 자아 강도(Ego Strength,

정신적 어려움을 방어하기 위해서 스스로 이용할 수 있는 정신적 능력)가

약한 경우가 많다. 이는 부모와의 병적인 관계에서 살아남기

위해 너무 많은 시간과 에너지를 쏟았기 때문이다.

부모의 방치는 깊은 자기 의심으로 이어진다. 집에서 필요

한 관심을 받지 못한 아이는 온전함을 느끼고자 타인의 애정

과 인정을 추구하게 된다. 아이들은 어린 시절에 여러 관계를

맺으며 공감하는 법을 배우는데, 그 시작이 부모와의 관계다.

양육자로부터 인정과 공감을 받지 못한 아이는 타인에게 어

떻게 공감하는지, 공감이 무엇인지조차 알지 못한다.

과도한 칭찬 또는 응석 받아 주기

아이를 과도하게 칭찬하는 방향의 나르시시즘에서 가장

먼저 떠오르는 예시는 신데렐라의 의붓언니들이다. 자매의

엄마는 딸들을 자신의 일부로 여기며 딸들에게 어울리지도

●

부모의 방임은 깊은 자기 의심으로 이어진다.
집에서 필요한 관심을 받지 못한 채 방임된 아이는
온전함을 느끼고자 타인의 애정과 인정을 추구하게 된다.

않는 칭찬을 건넸다. 그녀는 딸들에게 가식적인 행동과 더불어 자기 자신만 신경 쓰면 된다고 가르쳤다. 그리고 사람들을 이용하고 필요치 않으면 버리라고 했다. 이런 양상이 나르시시즘으로 이어지는 경우가 흔하지는 않지만, 분명 나르시시즘의 한 부분을 차지한다.

아이들은 가장 먼저 양육자, 주로 부모를 보고 배운다. 작은 스펀지처럼 자신이 보고 듣는 모든 것을 빨아들인다. "너는 남들보다 특별한 존재야"라는 말을 듣고 자란 아이라면 이를 그대로 믿기 쉽다.

부모가 자녀에게 자기 행동에 책임지는 법이나 특권을 얻는 일의 가치를 가르치지 않으면 어떻게 될까? 타인은 자신보다 소중하지 않은 존재라고 여기는 사람으로 키우는 것이나 마찬가지다. 이런 아이들은 성장하면서 다음과 같은 사고방식을 갖게 된다. 첫째, 운이 따르지 않은 사람들은 그런 상황을 자초한 것이다. 둘째, 시간을 들여 만날 가치가 있는 잘나가는 사람들은 따로 있으며 나머지는 무시해도 된다.

나르시시즘에 이른 경로가 무엇이든 모두 '공감 능력 부족'과 '과장된 우월의식'이라는 두 가지 대표적 특성을 보인다. 자신과 똑같이 우월한 사람들에게만 관심을 줄 가치가 있다고 생각하게 된다.

지나친 비난

부모의 지나친 비난이 자기애적 성격으로 이어질 수 있다는 사실은 언뜻 말이 안 되는 것처럼 느껴질지도 모른다. 하지만 인간의 뇌는 언제나 균형을 찾고자 한다. 따라서 과도하게 비판적인 양육자 손에서 자란 아이라면 성장 과정에서 부모의 비난을 부정하게 된다. 그리고 그와 반대되는 말을 스스로에게 건넬 것이다.

아이는 자신이 가치 있는 사람이라는 사실을 스스로에게뿐 아니라 부모에게도 증명하기 위해 과잉된 행동을 하게 된다. 부모의 비난이 지속되면 아이는 자신이 진짜 누구인지 이해하는 데 상당한 어려움을 겪는다. 그동안 양육자에게서 들은 온갖 부정적인 말을 그대로 받아들이면서도 스스로 유능한 존재임을 증명하고자 성취욕을 과도하게 발휘하는 것이다.

안타깝지만 결국 비난의 목소리가 승리를 거둔다. 성장기의 아이는 지금껏 들어온 말보다 자신이 더 가치 있는 존재라고 믿으려 애쓴다. 그런 동시에 스스로 충분하지 않다고 생각하는 내적 갈등에 휘말린다. 물론 지나친 비난은 누구에게나 상처를 준다. 하지만 어린아이에게는 기대에 미치지 못한다는 말을 끊임없이 듣는 데서 오는 정서적 후유증을 다룰 능력이 없다. 아이를 지나치게 비난하는 행동은 아이가 변화에 적응하는 능력을 저해할 수 있다. 또한 감정적으로 자극받았을 때 제대로 반응하지 못하게 방해한다.

트라우마

트라우마에 관한 이야기를 통해 여러분은 이 책에서 말하려는 주제를 알아차릴 수도 있다. 상담 장면에서 가장 꾸준하게 관찰되는 트라우마는 '복합 트라우마'이다. 이는 오랜 기간 학대에 노출되고 부당한 비난에 시달리거나 타인(주로 가족 구성원)이 학대받는 모습을 지켜본 결과로 나타난다.

학대 가정의 아이들은 방치되어 혼자 자기 자신을 돌보는 경우가 많다. 평화로운 시기가 찾아온다 해도 아이들은 긴장을 늦출 수 없다. 또 다른 혼란이나 위협이 기다리고 있기 때문이다. 아이는 과도한 불안에 시달리고 경계심을 내려놓지 못한다. 다른 가족 구성원과도 제대로 관계를 맺지 못하기도 한다. 부모의 관심은 물론 음식과 같은 기본적이고 생활에 필수적인 요소들을 두고 경쟁하는 형제자매들과는 더욱 그렇다.

학대는 개인의 자아존중감(Self-Esteem)을 깎아내린다. 학대하는 이는 희생자들에게 "너희는 가치도 별로 없고 자신에게 무거운 짐 같은 존재"라고 말한다. 다시 말해 이와 같은 유형의 환경에서 자란 아이는 자아 정체감이나 자아 강도, 자존감을 발달시키지 못한다. 대신 성장 과정에서 자기애적인 성격을 키워나가기 시작한다. 왜냐하면 타인의 인정을 추구할 수밖에 없기 때문이다. 그들에게 활력의 원천은 타인이 보내는 찬사이다. 이것은 흔히 '공급원'이라 불린다.

극단적으로 높은 기대치

극단적으로 높은 기대로 인한 나르시시즘이 지나친 비난에서 비롯된 나르시시즘과 완전히 구별되지는 않는다. 그러나 언급하고 넘어갈 필요가 있다. 이 유형은 부모 중 한 명이 자녀를 자신의 일부로 여겨 자녀의 실패를 본인의 실패로 생각할 때 발현될 수 있다. 부모가 아이의 어떤 실수나 실패도 용납하지 않는 부적절한 기대치를 갖는 경우를 포함한다.

이 유형은 몇 가지 경로를 거쳐 자기애적 성격으로 이어질 수 있다. 아이는 부모가 설정한 기대치에 도달할지도 모른다. 하지만 그렇게 하는 데 너무 많은 에너지를 쓴 나머지 자신이 누구인지 혹은 내게 중요한 가치가 무엇인지 탐색할 시간이 없다. 아이의 자아감(Sense of Self)은 성취로만 정의된다. 성취가 유일한 가치이므로 자신이 하는 모든 일에서 최고가 되어야 하는 성격이 형성된다. 그리고 자신이 성취하지 못한 일들의 가치와 자신의 특별함을 알아주지 않는 사람들을 폄하하게 된다. 부모의 기대에 부응하지 못한 아이가 자신만의 우월한 현실을 창조하는 경우 또한 높은 기대치가 나르시시즘으로 이어지는 유형이라고 볼 수 있다.

유전자 이상

뇌의 작동 원리는 우리가 모르는 부분이 훨씬 많다. 오랫동안 성격장애는 감정 조절이나 대인 관계 기술이 부족해서 발생한다고 여겨졌다. 그런데 나르시시즘을 포함한 성격장애에 신경학적인 영향력이 일부 있다는 증거가 점점 많아지고 있다.

카밀라 얀코위악-시우다Kamila Jankowiak-Siuda와 보이젝 자이코프스키Wojciech Zajkowski가 학술지 〈메디컬 사이언스 모니터〉에 다음과 같이 연구 결과를 발표했다.

"정서적 영역에서 공감이란 주로 타인의 감정을 같이 경험하고 공유하는 능력으로 이해된다. 인지적 관점에서 공감은 타인의 감정과 동기를 상상하고 이해하는 능력이다. 또한 타인의 생각과 의도, 욕망을 의식적으로 알아차리는 능력이다."

두 학자는 자기애적인 성격을 지닌 몇몇 사람들의 뇌를 스캔했다. 그러자 공감 반응이 처리되는 일부 영역에서 연결상의 결함이 나타났다고 주장했다. 해당 부분의 뇌가 손상되면 타인보다 자기 자신에게 집중하는 성격을 유발할 수 있다. 특히 이러한 공감 능력 부족은 나르시시스트의 근본적인 성격 특성이다.

자기애적 사회

우리는 일상에서 '나르시시스트'라는 단어가 아무렇게나 쓰이는 것을 듣는다. 여러 방면에서 나르시시즘을 장려하고 조장하는 사회에 살고 있기 때문이다.

《임상 정신의학 저널》에 발표된 논문에 따르면 미국의 자기애성 성격장애 유병률은 대략 6퍼센트다. 해당 연구에서 남성의 유병률(7.7퍼센트)이 여성의 유병률(4.8퍼센트)보다 높다고 나타났다.

앞서 언급한 것처럼 나르시시즘의 유전이나 환경으로 인한 원인을 다룬 연구가 아직 충분하지 않다. 이는 우리가 임상 현장에서 도움을 요청하는 나르시시스트들을 보지 못하기 때문일 수 있다. 주목해야 할 점은 사회 구조가 여전히 자기애적 특성을 부추기고 강화할 수 있는 방식으로 확립되어 있다는 사실이다.

사람들은 특히 남성의 경우 자신감과 자기주장을 확실히

드러널 때 삶에서 더 많은 보상을 획득하는 경향이 있다. 소셜 미디어와 소비 지상주의 또한 우리가 중요하게 여기는 가치에 영향을 미칠 수 있다. 우리는 최고급 차를 운전하고 최고로 좋은 직업을 가지며 최상의 매력을 뽐내는 사람이 되는 데 중요한 가치가 있다고 생각하기 시작한다. 겉으로 드러나는 피상적인 것에 가치를 두는 환경에 둘러싸여 있기 때문이다. 이는 공감 능력을 무시하고 자기에만 집중하는 환경을 용인함으로써 자기애적 행동을 정당화하는 것이나 다름없다.

내 주변의
나르시시스트
구별하는 법

　DSM-5에 따르면, 자기애성 성격장애로 진단하기 위해서는 다음 항목 중 다섯 가지를 충족시켜야 한다. 나의 엄마 혹은 가까운 사람 중에서 떠오르는 사람을 생각하며 살펴보자.

　□ 자신의 중요성을 과장되게 지각한다.

　□ 성공, 지배, 탁월함, 아름다움 혹은 이상적인 사랑에 대한 공상에 집착한다.

　□ 스스로를 아주 특별한 존재라고 믿는다. 또한 특별한 사람들만이 자신을 이해할 수 있고, 그런 사람들하고만 어울려야 한다고 생각한다.

□ 과할 정도로 찬사를 요구한다.

□ 특권 의식을 지닌다.

□ 대인 관계에서 착취적인 행동을 보인다.

□ 공감 능력이 부족하다.

□ 타인을 질투하거나 사람들이 자신을 질투한다고 생각한다.

□ 잘난 체하고 우쭐대며 허세를 부리는 등 거만하고 오만한 행동을 보인다.

나르시시스트
제대로 알기

우리 모두에게는 자기애적 특성이 있다. 그렇기 때문에 많은 임상의들이 나르시시즘을 자기애에 연속된 선상의 개념으로 본다. 그렇기에 나르시시즘 특성의 일부만 나타내는 사람들부터 자기애성 성격장애의 모든 특성을 갖춘 사람들까지 포함한다. 다만 전문가들은 이것이 일상에서 생활하는 데 지속적인 문제를 일으킬 때만 임상 문제로 간주한다. 임상적 수준의 나르시시즘은 어떤 식으로 나타나는지 살펴보자.

나르시시스트는 기회주의자다

나르시시스트들은 공감 능력이 부족하고 대인 관계에서 착취하는 행동을 자주 보인다. 그래서 주위 사람들을 이용해 본인의 이익을 꾀하는 행동이 아주 자연스럽다. 또한 자신의 행동이 합리적으로 보일 수 있게 걸핏하면 사실을 왜곡한다. 자신의 바람이 곧 피해자들에게 최선의 이익이 된다고 그들을 설득한다. 어떤 관계에서든 이런 행동은 차갑고 무심하게 느껴진다. 그러나 엄마가 자기 아이에게 이런 식으로 행동하는 것은 더욱더 받아들일 수 없다. 부모와 자녀 관계에는 이미 힘의 차이가 존재하므로 부모의 기대는 아이에게 상당한 파급력을 지닌다.

나르시시스트 엄마가 본인의 욕구를 채우기 위해 아이를 이용한다면 아이의 감정에 공감할 수 없을 것이다. 이런 양상은 나르시시스트 엄마와 딸의 지나친 밀착 관계에서 드러난다. 밀착 관계로 맺어진 엄마와 딸 사이에는 경계가 없다. 엄마가 느끼는 감정적 혼란과 낮은 자존감이 딸에게 심리적 부담을 지우는 식으로 나타난다(하지만 엄마는 이를 절대 인정하지 않는다). 엄마는 자신의 일부라고 생각하는 딸을 이용해 본인의 자아를 구축한다. 그리고 칭찬 세례를 퍼부어 자기 말에 복종하도록 딸을 조종한다.

나르시시스트는 현실 세계와 단절되어 있다

나르시시스트를 떠올릴 때 보통 오만함, 특권 의식, 과장된 자존감을 생각한다. 그런데 사람들이 잘 언급하지 않는 부분이 현실 세계와 단절되어 있는 망상적 사고다.

나르시시스트 엄마는 대부분 자신의 머릿속에서 만들어 낸 세상에 살고 있다. 환상에 빠져 있으며, 자기 자신에 대한 과대망상한 꿈과 믿음이 사실이라고 확신한다. 또한 이상화한 자기 자신이 되고자 여러 프로젝트나 활동에 관여한다. 그러나 그 일들이 생각만큼 빠르게 진전을 보이지 않으면 금방 포기한다.

겉으로는 이러한 양상이 파괴적으로 보이지 않을 수 있다. 하지만 나르시시스트 엄마가 '이상적인 나'라는 환상으로 가는 여행길에 딸을 데려가려 할 때 문제가 생긴다. 이때 딸은 본인 고유의 동력을 잃고 엄마에게만 집중하게 된다. 이 역동 안에서 딸은 부모화 되기 쉽다. 엄마의 망상에 가까운 기대가 산산조각 나면 딸은 그 조각들을 수습하려 한다. 그리고 엄마의 바람대로 여전히 엄마는 멋지다고 말함으로써 엄마를 안심시키는 역할을 맡는다. 엄마의 꿈이 실패하든 성공하든 딸의 존재는 무시되고 엄마는 이를 자각조차 하지 못한다.

나르시시스트는 타인을 조종하려 한다

타인을 조종하는 행동은 나르시시스트의 전형적인 특징이다. 모든 나르시시스트의 행동 기준점으로 보인다. 우리 모두는 어느 정도 타인을 조종하는 행동을 저지른다. 모든 사람들은 자신에게 별로 중요하지 않은 사람들에게 심리적으로 조종당한 경험이 있다. 판매원은 수수료를 더 챙기려고 비싼 물건을 사도록 우리를 설득할 수 있다. 정치 유세를 하는 사람은 본인이 지지하는 후보에게 유리하도록 여러분이 선호하는 후보는 나쁜 선택지라고 회유하려 할 수도 있다. 이런 행동들이 짜증을 유발하긴 하지만 우리의 감정에 영향을 주지는 않는다.

정서적으로 연결되어 있거나 권위적인 위치에 있는 사람이 우리를 조종하려 할 때 문제가 생긴다. 이러한 조종은 여러분의 굉장히 취약한 부분을 강타한다.

엄마는 다른 사람들은 알아차리지 못하는 방식으로 여러분의 동정심을 유발하는 법을 알고 있을 것이다. 그렇기에 여러분을 휘두를 수 있는 최고의 위치에 있다. 엄마는 딸의 수치심과 죄책감을 이용해 딸을 통제한다. 그리고 자신에게 필요한 것을 얻기 위해 딸의 협조를 이끌어낼 것이다. 딸이 계속해서 자신에게 연민과 의무감을 가지도록 공을 들인다. 그뿐만이 아니라 딸이 자신의 의사에 반하는 태도를 조금만 보여도 혹독한 비난을 퍼부을 것이다.

나르시시스트는 질투심이 많다

나르시시스트의 질투는 사람을 굉장히 추하게 만들 수 있는데, 딸을 향한 엄마의 질투심은 더욱더 그렇다. 의외로 질투는 나르시시스트 엄마의 위험한 행동 양식 중 하나다.

알다시피 나르시시즘은 대개 학대나 방임 혹은 그 둘의 결과로서 나타난다. 부모가 자녀에게 전혀 관심을 보이지 않고 자녀의 가치를 알아주지 않을 때 아이는 깊은 공허감을 느낀다. 그리고 이는 상처로 남는다. 그러면서 아이는 다른 것들을 획득하려 한다. 다른 사람들의 관심과 인정을 추구함으로써 그 공허함을 채우려고 한다. 이런 환경에서 자라 나르시시스트가 된 아이는 성인이 되어 부, 아름다움, 인기, 사회적 지위 등을 자신이 마땅히 누려야 하는 것으로 생각한다. 따라서 현재 이것들을 가지고 있지 않다면 그들은 집착을 보인다.

나르시시스트 엄마의 질투는 엄마가 양육자의 역할에 최선을 다하기는커녕 딸의 인생을 파괴하는 힘으로 작용한다. 엄마는 딸의 아름다움, 젊음, 성공 혹은 다른 자질을 부러워할 수 있다. 그리고 딸에게 '이 모든 것은 엄마 덕분'이라고 믿게끔 애쓸 것이다. 또한 딸이 '나는 성공을 이룰 만한 자질이 전혀 없고 모든 것은 순전히 운이 좋아서 얻어졌다'라는 생각을 심어 준다. 또는 자신의 성취가 무가치하다고 생각하도록 만들 수도 있다.

나르시시스트는 우월 콤플렉스에 사로잡혀 있다

나르시시스트들은 자신의 가치를 확신하는 데 평생을 바쳐 왔다. 그렇게 함으로써 스스로가 거의 모든 이들보다 뛰어나다고 믿는 우월 콤플렉스에 사로잡혀 있다. 나르시시스트 엄마는 본인이 있는 공간에서 누구보다 똑똑하고 부유하고 아름다운 사람이 되기 위해 노력할 것이다. 그녀가 받는 모든 관심은 이러한 우월성을 확인해 주고 삶의 연료인 타인의 찬사를 공급해 준다. 이 공급원은 나르시시스트를 지탱하는 동력이기에 이것을 얻기 위해 무슨 행동이든 할 것이다.

주어진 상황에서 본인이 가장 뛰어난 사람이라고 느껴지지 않을 때 나르시시스트는 가장 뛰어나 보이는 사람과 본인을 같은 선상에 놓으려 애쓸 것이다. 그들은 본인이 우상화한 사람에게 접근하려 노력한다. 자신의 가치를 더 높일 수 있다면 나머지 사람들은 철저히 무시할 수 있다. 설령 자기가 낳은 딸이라 해도 말이다. 자신은 무시하면서 다른 사람들과는 친해지려 갖은 애를 쓰는 엄마를 지켜보는 일은 딸에게는 큰 상처가 된다.

나르시시스트는 허세를 부린다

허세는 나르시시스트의 우월 콤플렉스와 밀접한 관계가 있다. 나르시시스트는 자신이 가치 있는 사람이라는 확신을 가지는 데 모든 시간을 쏟는다. 그들은 사람들이 공급해 주는 관심과 찬사가 이어지도록 타인을 설득해야 한다.

나르시시스트들은 자신이 중요한 사람이라는 사실을 보여주기 위해서라면 어떤 일도 서슴지 않는다. 예를 들어 나르시시스트 엄마는 공무원에게 뇌물을 주고 자녀를 명문 학교에 입학시킨 후 이를 자랑스럽게 떠벌릴 수도 있다(이런 행동이 딸의 자존감에 어떤 영향을 미칠지 상상해 보라). 또는 부를 과시하고 싶어 분수에 넘치는 생활을 할 수도 있다. 이러한 경우에 그녀는 최고급 옷을 입고 가장 부유한 동네에 살며 자녀들이 최고의 학교에 다니도록 할 것이다. 이 모든 것을 감당할 수 없을 때도 자신의 성공을 자랑하기 위해서라면 주저하지 않고 빚을 질 수도 있다.

딸은 엄마의 이중적인 모습을 마주하게 된다. 호화로운 집에 살고 싶어 집주인에게 사기를 치는 모습을 목격한다. 또는 잘 알지도 못하는 사람들에게 바다에서 멋진 하루를 보냈다고 뽐내려고 요트에서 청소원으로 일하는 엄마를 지켜보는 것이다. 하지만 모든 것은 엄마의 환상일 뿐이다.

나르시시스트는 물질만능주의자다

나르시시스트가 겉으로 드러나는 현상에만 집중하는 모습은 이들이 물질만능주의자라는 특성을 보여 준다. 나르시시스트 엄마는 비싼 가격표와 디자이너 라벨이 붙은 물건을 가지면 자신의 떨쳐버릴 수 없는 공허함이 채워지리라고 생각한다. 그녀는 사치품을 얻기 위해서라면 무엇이든지 한다. 물건들이 자신의 진짜 가치를 반영한다고 믿는다.

앞서 언급했듯이 나르시시스트는 진실을 왜곡하고 자신에

게 유리하도록 상황을 몰고 가는 데 도가 튼 사람이다. 나르시시스트는 자신이 완벽하다는 느낌을 받는 일에 에너지를 쏟는다. 이를테면 디자이너의 신상 드레스를 사거나 저녁 식사 자리에 그 옷을 입고 나갈 때 느끼는 만족감을 삶의 보람으로 삼을 수도 있다. 하루가 끝날 무렵 드레스가 옷장에 걸리고 공허함이 다시 얼굴을 내밀면 이를 견디지 못한다. 잠시도 공허함을 참지 못하고 왜 내가 우울하고 외롭고 무가치하다고 느끼는지 분석한다. 주의를 환기할 만한 것이 필요해지면 컴퓨터 앞에 앉아 자신이 찾을 수 있는 가장 고급스러운 자동차를 검색한다. 그러고는 내일 매장으로 시승을 하러 갈 때까지 차 생각에 사로잡혀 있을 것이다. 물질을 통해 얻는 만족감은 순식간에 사라지므로 이러한 행동 패턴은 무한 반복된다.

나르시시스트는 공감 능력이 부족하다

공감 능력을 정확하게 분별하는 일은 어렵다. 하지만 우리는 다른 사람들의 표현을 통해 공감을 받는다는 느낌을 인지할 수 있다. 타인들이 서로에게 공감하는 모습은 주변에서 매일 볼 수 있다. 공감은 응집력 있는 사회로 가는 중요한 열

쇠이다. 즉, 공감 능력 부족이 부족한 특성은 나르시시스트가 아닌 사람은 이해하기 무척 어렵다.

상담 회기에서 내담자들은 자신의 엄마가 공감하는 모습을 봤다고 믿는 순간들을 설명한다. 딸은 함께 본 영화 속에 등장하는 외로운 아이를 위해 엄마가 눈물을 흘렸기 때문에 엄마에게도 공감 능력이 있다고 확신한다. 하지만 엄마는 영화를 보며 자신의 유년 시절을 떠올렸을 것이다. 엄마가 눈물을 흘린 이유는 영화 속 아이가 아닌 어린 시절의 자기 자신을 가엾게 여겼기 때문일 확률이 더 높다. 딸은 엄마가 친절하고 사랑스러운 여성이라 믿고 싶은 소망이 강해 이러한 생각을 받아들이기 어려울 수 있다. 치유의 여정이 딸에게 가혹한 이유는, 엄마가 본인이 생각했던 사람이 아니라는 사실을 깨닫는 데 있다.

나의 엄마는 나르시시스트일까?

여러분의 엄마는 자기애적 성격장애의 특성을 보이는가?
여러분에게 반향을 일으키는 문항이 있는지 점검해 보자.

☐ 공공장소에서 엄마가 다른 사람처럼 행동하는가?

☐ 나의 외모에 관해서 엄마가 가혹하게 평가하는가?

☐ 나의 신체에 관해서 엄마가 부적절할 정도로 과도한 관
심을 보인 순간이 있는가?

☐ 엄마가 나와 경쟁하고 있다는 느낌을 받는가?

☐ 엄마가 어느 날은 내게 관심을 기울이고 따뜻하게 대하
면서 또 어느 날은 냉담하게 대하거나 거리를 두는가?

☐ 엄마가 나의 관심사를 지지하거나 나를 응원해 주지 않
았는데도 내가 성취를 보이면 태도를 바꿔 그것에 대해
자랑하고 다녔는가?

☐ 내가 하고 싶은 일에 얼마나 돈을 썼는지 엄마가 물어본
순간이 있는가?

☐ 나를 축하하는 자리에서 엄마가 내게 오는 주목을 빼앗아 본인에게 향하도록 한 때가 있는가?

☐ 성장 과정에서 그 나이에 당연히 할 수 있는 행동임에도 엄마가 창피를 준 경험이 있는가?

나르시시즘은 보통 스펙트럼의 형태로 나타난다. 때로는 다른 이들보다 극단적인 양상을 보이기도 한다. 물론 자격을 갖춘 상담 전문가만이 성격장애라는 공식 진단을 내릴 수 있다. 하지만 앞선 질문들은 여러분의 엄마가 나르시시즘이라는 스펙트럼에서 어느 지점에 있는지 파악하는 데 도움이 될 수 있다. 모든 질문은 앞에서 언급된 성격 특성들과 관련이 있다. 그래서 이를 여러분의 실제 경험과 맞춰 보는 것도 의의가 있다.

엄마가 딸을 자신의 일부로 동일시할 수 있다는 사실을 알게 되면, 딸을 향한 엄마의 비난은 자기혐오의 투사(개인의 성향이나 특성에 대하여 타인에게 무의식적으로 그 원인을 돌리는 현상)라는 결론에 이른다.

모두
너의 잘못이라고
말하는 엄마

앞에서 언급한 에리카를 기억하는가? 에리카의 엄마는 통제라는 무기를 사용해 딸을 억압했다. 그리고 에리카를 자기 애적 공급원으로 붙잡아 두었다. 에리카의 엄마 린다는 싱글 맘으로 딸이 건강한 방식으로 성장하고 발달하도록 두지 않았다. 린다는 에리카의 삶의 모든 영역을 통제했다. 특히 다른 사람들 눈에 모녀 관계가 어떻게 인식될지 편집증에 가까운 정도로 신경 썼다. 그녀는 딸을 고유한 생각과 감정을 지닌, 성장하는 존재가 아니라 자기 자신의 일부로만 생각했다.

린다는 지역 교회에서 여성 성직자들을 이끄는 리더가 되었다. 린다가 점점 더 많은 사람들의 인정과 존경을 받자 자신의 딸에 대한 린다의 기대도 커졌다.

독립할 기회를
빼앗긴 딸

에리카는 고등학교 때 남자 친구를 사귄 일을 엄마에게 비밀로 하고 있었다. 엄마가 끔찍한 반응을 보일 것을 알고 있었기 때문이다. 에리카의 예상대로 린다는 이 사실을 알고 분노했다. 그녀는 딸을 경멸하며 남자 친구가 오직 섹스를 위해 너를 이용하고 있다고 믿게 했다. 린다는 딸이 성관계를 하지 않았는데도 성관계를 했다고 비난했다. 린다는 에리카를 산부인과에 데려가 의학적으로 검증되지 않은 굴욕적인 검사를 받게 했다. 에리카가 성관계 경험이 있는지 확인하기 위해서였다. 이 일로 감정이 무너져 내린 에리카는 어쩔 수 없이 남자 친구와 헤어졌다. 엄마를 실망시켰다는 수치심 때문에 집을 떠날 수도 없었다.

그 해가 끝날 무렵 에리카는 다른 주에 있는 대학에 합격했다. 대학 생활이 독립과 자유를 얻을 기회라고 믿었다. 그런데 엄마도 함께 이사한다는 사실을 알게 되었다. 대학 생활

초기에는 기숙사에서 지낼 수 있었지만, 주말마다 엄마가 학교 근처에 빌린 아파트로 갔다. 에리카는 자유 시간을 엄마와 함께 보냈다. 엄마는 에리카를 계속 감시했다. 딸이 수업 중임을 알면서도 끊임없이 전화하고 문자를 보냈다.

에리카는 어렵게 시간을 내어 학교에서 또래의 젊은 남성을 만났다. 수업이 끝나면 엄마 몰래 그와 함께 시간을 보냈다. 에리카는 들떠 있었고 남자 친구인 허비에게 받는 관심과 애정을 즐겼다.

모두 네가 자초한 일이야

어느 날 저녁, 도서관에서 공부를 마친 후 허비는 에리카를 기숙사로 데려다 주겠다고 했다. 기숙사 건물에 들어서자 그는 에리카를 계단 쪽으로 밀치고 성폭행했다. 제발 멈추라고 에리카가 몇 번을 거듭 애원한 후에야 그는 그녀를 혼자 내버려 두었다. 달리 의지할 사람이 없던 에리카는 엄마에게 전화를 걸었다. 엄마는 에리카를 데리러 학교로 차를 몰았다. 그리고 집으로 돌아오는 내내 딸을 창녀라고 욕하며 네가 자초한 일이니 그런 일을 당해도 싸다고 폭언을 퍼부었다. 엄마는 에리카가 성폭행을 당했다는 사실이 식구도 얼마 없는 가족에게 수치심을 안겨 주었다고 말했다. 에리카는 엄마에게서 어떠한 공감도 받지 못했다. 그녀는 성폭행으로 인한 트라우마를 스스로 감당하도록 내버려졌다.

제대로
알아야
방어할 수 있다

나르시시스트에는 다양한 유형이 있다. 여러분의 엄마가 나르시시스트의 여러 유형 중 어떤 유형인지 알면 도움이 될 것이다. 엄마의 자기애적 동력이 어디에서 기인하는지 자세히 알면 엄마와의 관계에서 경계를 설정하기 쉽다.

자기애적 행동은 아주 미묘하게 드러날 수 있다. 게다가 여러분 곁에 있는 나르시시스트가 엄마라면 그녀는 중요한 측면에서 권력의 우위를 점한 것이나 다름없다. 엄마는 딸에게 평생 자기 이야기를 해 왔으므로 여러분이 진실을 파악하기가 어려울 수 있다.

나르시시스트
프로파일

나르시시즘에 관해 많이 알아야 스스로를 방어할 준비를 더 잘 할 수 있다. 예를 들어 만약 여러분의 엄마가 '공동체적 나르시시스트'라면 여러분은 엄마가 선행을 베풀고 사람들의 칭찬을 받는 모습을 볼 때 혼란스러울 수 있다. 왜냐하면 여러분은 엄마의 잔인하고 폭력적인 모습 또한 볼 수 있기 때문이다. 자기애성 성격장애의 여러 유형을 잘 파악하고 있으면 엄마와의 관계에 자욱이 드리워진 안개를 걷어내는 데 도움이 될 것이다.

공동체적 나르시시스트

'공동체적 나르시시스트'라니, 누가 봐도 모순적이지 않은가? 이처럼 나르시시즘은 꽤 복잡하며 헷갈리는 개념일 수 있다. 자아에 도취한 사람이 어떻게 공동체에 관심을 기울일 수 있을까?

나르시시스트들은 모두 타인을 휘두르는 성향을 지니고 있다. 그러나 공동체적 나르시시스트들의 교활함은 독보적이다. 나는 나르시시스트 부모 밑에서 태어나 저마다 독특한 성장 배경을 지닌 내담자를 수없이 상담해 왔다. 내담자들 부모의 직업은 조경사부터 뇌를 수술하는 의사까지 다양했다. 공동체적 나르시시스트 부모들의 공통점은 직업 활동에서 보이는 행동에 있다. 그들은 자기애적 욕구를 채우려고 사회적 지위를 이용해 선행을 베푼다.

가장 확실한 예가 나르시시스트가 목사일 경우이다. 상처 입은 나르시시스트에게 교회의 수장이 되는 일보다 더 나은 직업은 없다고 생각한다. 내게 세 명의 내담자가 있었는데 모두 나르시시스트 목사의 딸들이었다.

목사라는 직업은 자기애적 공급원을 아주 다양한 방식으로 얻을 수 있다. 목사는 사람들에게 통제력을 행사하고 찬사를 받는다. 여기에 무조건적인 사랑으로 가득 찬 신앙심까지 더해지면 대성공이다. 소셜 미디어도 추가해 보자. 엄마가 목사에 나르시시스트라면, 막대한 숫자의 사람들에게 가 닿을 수 있는 잠재력을 지닌 수단까지 소유한 셈이다. 그녀가 지역 사회에 선행을 베풀 때마다 보상이 주어진다. 사람들은 감사와 수용, 존경의 태도를 보인다. 심지어 그녀를 따르는 교구 주민들은 그녀의 행동을 모방하기까지 한다.

내현적 나르시시스트

'내현적 나르시시스트'는 알아차리기 가장 힘든 유형이다. 곁에 와서 손목에 찬 롤렉스 시계에 얼마를 썼는지 이야기해야만 하는 사람은 쉽게 눈에 띈다. 하지만 파티장의 한구석으로 당신을 데려가 자신이 당한 자동차 사고의 모든 이야기를 빠짐없이 늘어놓는 사람이 나르시시스트로 인식될 가능성은 크지 않다.

내현적 나르시시스트는 사람들의 관심과 찬사를 양분으로 은밀하게 자란다. 좋은 곳에서 일자리 제안이 왔다는 사실을 여러분이 알 수 있도록 '무심코' 우편물을 탁자에 올려놓을지도 모른다. 그러고서 막상 당신이 칭찬을 건네면 아무것도 아니라는 듯 겸손하게 행동할 수 있다. 만약 당신이 편지를 알아차리지 못하면 그들은 어떻게든 편지로 주의를 끌 것이다. 그러고는 자신에게 중요한 일을 알아봐 주지 않는다고 여러분을 비난할 것이다. 그들은 칭찬을 되돌려 받고자 억지로 사람들을 칭찬한다. 이때 그들이 건네는 칭찬은 아래의 예처럼 조건적이거나 애매하다.

"화장을 더 진하게 하면 너무 예쁘겠다."

"난 학교에서 항상 A를 받긴 했는데, 네가 시험에서 B를 받아도 난 괜찮아."

일반적으로 나르시시스트가 피해자 역할을 하리라고 기대하지 않는다. 그러나 내현적 나르시시스트는 이를 능숙하게 해낸다. 이들에게는 관심이 필요하다. 그래서 사다리에서 굴러떨어져 허리를 다친 이야기를 하는 것이다.

악성 나르시시스트

'악성 나르시시스트' 유형이 가장 해로운 동시에 가장 명백하다. 이들은 어린 시절에 상처를 가장 많이 받았으며 공감 능력이 가장 부족한 나르시시스트일 것이다. 이들은 통제 욕구가 강하고 편집증적이며 잔인하다. 이를테면 앞에서 언급했던 도나가 마침내 엄마 집에서 나오게 되었을 때 도나의 엄마는 이삿짐 박스 중 하나를 가지고 있겠다며 고집을 부렸다. 도나가 이유를 묻자 엄마는 "몸을 숨기기에 적당한 크기잖니"라고 대답했다. 도나가 이 위협적인 말 속의 저의에 충격을 받자 엄마는 바로 농담이라고 말했다.

나는 상담 회기 내내 휴대전화가 끊임없이 윙윙거리는 내담자들을 만난 경험이 있다. 이들은 자신에게 어떤 일이 펼쳐질지 이미 알고 있다. 마침내 전화기를 확인했을 때 자신의 엄마가 50분이라는 상담 시간 동안 무려 148통의 문자메시지를 보냈다는 사실에도 놀라지 않는다. 나르시시스트는 자신의 공급원이 어디에 있는지 모르는 상태를 견딜 수 없다. 그들은 공급원을 되찾기 위해서라면 무슨 짓이든 할 것이다.

악성 나르시시스트가 격노하면 폭력적으로 나올 수 있다. 그럼에도 그들은 "네가 나를 이렇게 만들었다"라고 피해자를 비난할 것이다. 악성 나르시시스트 엄마는 딸에게 잔인하고 비열한 말을 하고서는 공급원이 필요해지면 딸의 용서를 기대한다. "네가 날 너무 화나게 해서 통제력을 잃었나 봐. 미안하다"라는 식으로 자기 행동에 대한 책임을 회피하며 거짓 사과를 한다.

나르시시스트에 관한 잘못된 생각들

생각 1: 소셜 미디어가 사람들을 나르시시스트로 만든다.

사실, 사람들이 나르시시스트가 되버리는 것이 소셜 미디어의 책임은 아니다. 그저 많은 사람들의 관심을 쉽게 얻을 수 있는 플랫폼을 제공해 줄 뿐이다.

생각 2: 나르시시스트는 모두 외향적이다.

흔히 나르시시스트는 쾌활하고 외향적이라고 생각하지만 항상 그렇지는 않다. 차분한 태도를 보인다고 해서 그 사람이 나르시시스트가 아니라고 할 수 없다. 여러분의 에너지를 빼앗아 가는 사람이 있다면 그 이유를 들여다봐야 한다. 누군가로 인해 머릿속이 안개가 낀 것처럼 뿌옇거나 미칠 것 같은 기분이 든다면 주의를 기울여 보자. 직관은 당신이 놓친 무언가를 말해 준다.

생각 3: 나르시시스트는 모두 자존감이 낮다.

'나르시시스트들은 자존감이 낮다'라는 문장은 다소 논란의 여지가 있다. 사실이라고 하는 사람도 있고, 아니라고 하는 사람도 있을 것이다. 그러나 성격장애에 이르는 경로가 건강할 수 없다는 사실을 고려하면 근본적으로 위 문장은 어느 정도 사실이다.

생각 4: 자기애성 성격장애를 가진 사람들도 건강한 관계를 맺을 수 있다.

자기애성 성격장애의 가장 큰 특징이 공감 능력 부족이라는 것을 감안하면 이는 사실이 아니다. 건강한 관계를 맺으려면 사람들에게 마음을 내어 줘야 한다.

생각 5: 내가 나르시시스트를 바꿀 수 있다.

나르시시스트를 바꿀 수 있다는 헛된 희망 때문에 수많은 딸들이 엄마 곁을 아주 오랜 시간 지킨다. 딸들은 엄마가 바뀌길 바란다. 마침내 엄마가 자신에게 준 상처를 사과하면 딸은 자신이 온전함을 느끼게 되리라고 희망한다. 하지만 엄마는 변하지 않는다.

그들은
어떤 무기를
선택하는가

　나르시시스트 엄마를 둔 딸들은 내면 깊이 상처 입는다. 엄마는 딸의 정상적인 정서 발달을 방해하는 방해꾼일 뿐이다. 딸은 곧 들이닥칠 혼란을 속수무책 기다리며 극도로 경계하는 상태에 머문다. 혹은 엄마의 학대 목표물이 되지 않으려고 스스로 존재하지 않는 것처럼 투명해져야만 한다.

　딸들은 자신의 결정을 신뢰하지 못한다. 보통 성인이 되어서도 엄마와 종속적 관계를 맺는다. 또한 자기 정체성을 발달시킬 기회가 없으므로 성인이 되었을 때 절망감과 상실감을 느낀다. 이는 상대방에게 통제권을 쥐여 주는 일이다. 딸들은 엄마에게 공황발작, 섭식 장애, 편두통을 일으킬 정도의 비난을 받았을지도 모른다. 자기감정을 분별할 줄 모르고 양육자에게서 감정을 인정받지 못할 때 우리는 정상적인 정서 발달을 방해받는다. 이제 나르시시스트 엄마가 선택한 무기들을 살펴보자.

친구 같은 엄마라는 함정

나르시시스트에게 타인의 경계는 행사하고 싶은 통제력을 막는 장애물이다. 나르시시스트 엄마는 딸에 관해서라면 지켜야 할 규칙이 없다고 생각한다. 비밀도 없고 엄마가 물어보기에 너무 개인적인 질문도 없다. 사생활이 없으므로 딸은 자기 자신을 숨기는 법을 터득하게 된다. 그리고 엄마의 요구를 모두 받아들인다. 엄마의 요구에 응하는 것이 그렇지 않을 때 엄마의 분노를 마주하는 것보다 편하기 때문이다.

나르시시스트 엄마가 딸에게 행사하려는 통제의 수준은 파괴적이다. 나르시시스트 엄마는 자신의 통제를 가로막는 장애물을 제거할 수 있다면 필요한 만큼 자기애적 공급원에 접근할 수 있을 것이다. 기본적으로 자신이 필요하면 어떤 일이든 함께 하는 딸이 있다는 사실은 엄마가 가장 강력한 마약을 손에 쥐고 있는 것이나 다름없다. 바로, 지속적인 관심과 인정이다.

모녀 관계에서 경계가 없으면 서로의 역할이 모호한 상태로 꼬인다. 이렇게 잘못 꼬인 모녀 관계에서 딸은 엄마의 친구 역할을 할 수도 있다. 심지어 엄마가 보살핌을 받는 존재라 느낄 수 있게 딸이 보호자처럼 행동하기도 한다. 딸은 아직 정서적으로 감당하기 어려운 어른들의 이야기나 상황에 어릴 때부터 노출될 수 있다. 이는 딸의 어린 시절을 빼앗는 셈이다. 딸은 천진난만하게 행동할 수도 없고, 아이라면 마땅히 받아야 할 보살핌도 받지 못한다.

많은 이들이 겪는 심리 문제의 근원은 대개 수치심이다. 우리는 모두 때때로 수치심을 느낀다. 수치심은 사회 규범이 확실하게 지켜지는 데 도움이 되는 감정일 수 있다. 수치심이 독이 될 때는 그것이 우리 일상에 기본 감정으로 굳어질 경우다.

나르시시스트 엄마는 아이에게 전략적으로 수치심을 안겨

줄 것이다. 그래야 아이가 수치심을 피하려고 엄마를 우선시하고 엄마의 모든 요구를 따르기 때문이다. 존재만으로 수치심을 느끼게 만드는 것보다 타인에게 완벽한 통제력을 행사할 수 있는 좋은 방법이 어디 있겠는가? 나르시시스트 엄마는 독이 되는 수치심을 안겨 주는 데 달인이다. 그녀에게는 딸의 의견과 생각, 자신감 그리고 정체성까지 서서히 도려 낼 시간과 동기가 충분하다. 나르시시스트 엄마가 이를 행동에 옮기기 시작하면 모든 힘을 갖게 된다. 딸은 무방비 상태로 공격에 노출될지도 모른다는 두려움에 옴짝달싹 못한다. 결국 엄마가 바라는 일은 무엇이든 하게 된다.

딸들에게 내면화된 수치심은 개인이 행동하는 기준으로 작용할 수 있다. 그리고 수치심은 만성적인 불안, 우울, 낮은 자존감과 같은 삶의 고난과 투쟁으로 이어진다. 철저히 수치심을 내면화한 딸은 타인에게 쉽게 휘둘릴 가능성이 크다. 지금까지 자기 자신을 믿지 말라고 배웠기 때문이다. 수치심이 딸의 반항을 유도할 수 있지만, 딸은 엄마를 강하게 몰아붙이진 못할 것이다. 그런 행동은 너무 위험하기 때문이다. 일반적으로 딸은 그 반항심을 내부로 돌려 자해 행동이나 약물 남용을 통해 스스로에 대한 부적절한 느낌에서 벗어나려

할 것이다. 이런 행동 패턴에 갇히게 되면 딸은 엄마에게 대항할 수가 없다.

통제,
나르시시스트의 뿌리

나르시시스트의 모든 행동은 통제에 뿌리를 두고 있다. 통제력이 있다는 것은 나르시시즘이라는 가면이 벗겨졌을 때, 그 뒤에 숨어 있는 취약한 모습이 드러날 일이 없음을 의미한다. 통제란 나르시시스트가 해결책이 필요할 때면 언제든지 자신의 공급원을 전달받을 수 있다는 뜻이다.

나르시시스트는 통제력을 손에 넣어 자기애 손상을 피하려고 한다. 이는 나르시시스트가 보여 주는 모든 행동의 동기이다. DSM-5에 나르시시스트는 아래처럼 설명되어 있다.

"취약한 자존감을 드러내며 이것은 나르시시스트들이 비판이나 실패에서 비롯된 상처에 매우 민감한 반응을 보이도록 한다. 겉으로 드러나지 않을 수 있지만 비판은 나르시시스트를 끈질기게 괴롭힐 수 있다. 또한 이들에게 창피함, 모욕감, 헛헛함, 공허함을 느끼게 할 수 있다. 나르시시스트들은 경멸, 분노로 반응하거나 공격적으로 반격하기도 한다."

나르시시스트 엄마는 통제력을 얻게 된 과정에 수치심을 느끼지 않는다. 애초에 딸은 자신에게서 벗어날 수 없기 때문이다. 엄마가 관계를 망칠지도 모른다는 위험 부담 없이 터무니없는 행동을 해도 상관없는 이유는 무엇일까? 그 이유는 바로 딸이 독립하기에는 너무 어리고 결국 이 모든 과정을 정상이라고 받아들이기 때문이다. 딸은 막무가내인 엄마를 지켜보는 일이 너무 불안하기에 엄마가 다시는 그런 반응을 보이지 않도록 최선을 다한다.

나르시시스트는 대개 자신의 가치를 스스로에게 증명하려고 애쓰는 상태에 영구적으로 갇혀 있다. 경쟁은 나르시시스트에게 내가 다른 사람보다 낫다는 믿음을 공고하게 만든다. 경쟁에서 질 때조차 엄마는 자신의 우월성을 보여 주는 증거를 찾는다. 물론 말도 안 되는 행동이다. 경쟁에서 지면 그녀는 변명, 충분한 휴식을 취하지 못했다, 딸이 편법을 쓴 것이다 등을 늘어놓으며 결과를 무시하기 쉽다. 경쟁에서 이기는 경우, 결과는 아주 명백하다. 예를 들어 장을 보고 돌아오는 길, 차에서 집까지 달리는 경주에서 이길 때조차 우월감을 느낀다. 그 결과 모든 상황을 지나치게 자기중심적으로 바라보는 자기 편향은 공고해진다. 엄마에게 하찮은 승리란 없다. 딸에게 자신감을 쌓을 기회를 주는 일보다 자신의 승리를 우선시한다.

나르시시스트 엄마는 모든 여성을 경쟁자로 인식할 가능성이 크고, 다른 여성을 존중할 줄 모른다. 왜냐하면 다른 여성들을 자신의 가치와 아름다움을 위협하는 존재로만 보기 때문이다. 딸이 성장하면 딸 역시 위협적인 존재로 느껴지기에 엄마는 확실하게 이 위협을 줄이려 한다. 엄마는 딸의 결점을 지적하면서 지나치게 비판한다. 심지어 자신의 완벽함과 딸의 불완전함을 비교할 수 있다. 가치에 대한 그릇된 생각으로 딸들에게 여성의 가치는 외면의 아름다움과 몸매로 정해진다고 교육할 수 있다. 이것은 딸에게 비합리적인 기대를 품게 만든다. 딸은 스스로 열등하다고 생각하고 엄마처럼 되기 위해 노력해야 한다는 잘못된 생각을 할 수 있다. 이렇게 악순환이 영원히 반복된다.

따뜻했다가
냉담해지는 엄마

모든 성격장애에는 나르시시즘적 특성이 조금씩 나타난다. 주로 가족 구성원들과의 관계를 통해 여러 성격장애의 나르시시즘적 특성을 유발하는 다양한 요인들을 살펴볼 수 있다. 양육자와의 정서적 단절은 이러한 현상의 근본적인 토대가 될 수 있다.

양육자가 아이와 정서적으로 교감할 수 없을 때 아이는 주위 환경과 상호 작용하는 방법을 혼자서 익힐 수밖에 없다. 결국 타인과 관계를 맺는 기술을 개발하지 못한 채 사랑과 애정, 인정에 필사적으로 매달리는 상태가 된다. 이 세 가지가 아이는 물론 성인의 건강한 발달에 미치는 영향은 대단히 중요하다.

우리는 사회적 동물이다. 아기들은 유대감을 형성하기 위해 일찍부터 양육자의 표정을 흉내 내기 시작한다. 인생에서 성공하려면 타인과의 연결이 필요하다. 정서적 연결을 경험하지 못한 채 성장하거나 이를 간헐적으로만 경험한 아이는 꽃을 피우지 못하고 쪼그라든다.

엄마와 아이의 간헐적인 정서적 연결은 지속적인 정서적

단절보다 더 나쁘다. 간헐적인 정서적 연결을 통해 나르시시스트 엄마는 필요한 관심을 얻으려면 계속해서 엄마가 원하는 대로 행동해야 한다고 딸에게 가르친다. 이것이 효과가 있을 때도 없을 때도 있겠으나 딸에게 절망감을 안겨 준다. 딸은 엄마를 기쁘게 하려고 성취에 몰두할 테지만 엄마와의 단절로 인한 공허를 결코 채우지 못하기 때문이다.

엄마와의 단절이 계속되면 아이는 제대로 성장하지 못할 뿐만 아니라 전반적으로 체념한 상태가 될 것이다. 지속적인 단절로 인해 아이는 사람들과 어울려야 할 동기를 찾지 못한다. 또한 건강하지 못한 방법으로 자기 존재를 확인과 수용을 받기 위해 노력하는 상태가 된다.

: 당신 잘못이 아니다

1장에서는 나르시시스트가 어떤 사람인지, 그들의 행동이 타인에게 어떤 영향을 미치는지 살펴보았다. 또한 나르시시스트 엄마의 구체적인 특성과 그들이 딸들에게 가하는 이루 말할 수 없는 고통에 대해서도 알아 보았다. 자기애성 성격장애를 일으키는 요인과 나르시시즘에 이르는 다양한 경로도 집중적으로 다루었다.

나는 여러분이 자기애성 성격장애의 발달 과정을 이해하길 바란다. 그럼으로써 엄마가 여러분을 대하는 방식이 여러분의 고유한 가치와 아무런 상관이 없다는 사실을 알기를 바란다. 엄마가 여러분에게 욕설을 하거나 모욕을 주었을 때는 사실 스스로가 가장 싫어하는 자기 모습을 투사하고 있던 것이다.

엄마는 나르시시즘 가면 뒤로 숨겨 놓은 자신의 고통을 들여다 볼 수 있는 창을 여러분에게 주었다. 이러한 관점은 여러분이 엄마를 취약한 사람으로 볼 수 있도록 도와줄 수 있다. 그리고 계속 엄마에게 감정을 이입하는 여러분 자신과도 편안해질 수 있게 해 준다.

이제 여러분은 자기애성 성격장애의 은밀하고 교묘한 영향력을 인식하고 있다. 그리고 자기 직관을 믿는 일의 중요성을 알고 있다. 엄마의 말에 속이 꽉 죄어오는 느낌이 들면 주의를 기울여 스스로를 보호할 수 있는 행동을 취하자.

다음 장으로 넘어가기 전 다음을 꼭 기억하자.

- **엄마에게서 받은 학대와 방임은 절대 여러분의 잘못이 아니다.**
- **여러분은 사람들과 건강한 관계를 형성하는 법을 다시 배울 수 있다.**
- **나르시시스트에게서 받은 학대를 치유하려면 많은 시간과 노력이 필요하지만, 불가능하지 않다.**
- **여러분은 자기 자신을 사랑하는 법을 배울 수 있다.**
- **항상 여러분의 직관을 믿어라. 항상.**

2장

Recovering from Narcissistic Mothers

어긋난 사랑,
애증의 관계, 엄마와 딸

Recovering from Narcissistic Mothers

엄마에게
완벽해 보이고 싶은
딸

쇼나는 자신을 미치게 할 것 같은 남자와 연애를 하다가 나를 찾아왔다. 쇼나는 자신이 제이슨 같은 남자를 인생에 끌어들였다는 사실 때문에 제정신이 아니었다. 쇼나는 자기 자신에 관해 나름대로 연구했고 제이슨이 자기애적 특성을 지니고 있음을 발견했다. 나는 제이슨을 만나보지 못했지만, 쇼나의 설명을 듣고 그녀의 말에 동의했다. 제이슨은 나르시시스트가 저지르는 전형적인 행동을 하나도 빠짐없이 보였다. 쇼나는 교육 수준이 높고 성공한 여성이었는데도 그의 게임에 빠져들었다.

쇼나는 자기 삶이 어쩌다 오늘날에 이르렀는지 도무지 이해할 수 없었다. 그녀는 제이슨과 연락을 끊으려 여러 차례 시도했다. 물론 제이슨은 쇼나가 세우는 경계를 존중하지 않았다. 쇼나는 제이슨을 피하려 했으나 이별 후 그가 쇼나의 집에서 불과 몇 블록 떨어진 곳에 집을 사면서 그를 피하기란 더욱더 어려워졌다. 쇼나는 2년간 심리치료를 받고 나서야 왜 제이슨 같은 사람을 삶에 끌어들였는지 근본적 이유를 탐구하기 시작했다.

비로소 진실을 알아차리다

쇼나가 마침내 자신의 취약성을 들여다볼 준비가 되었을 때 그녀는 성장기를 되돌아봤다. 엄마가 성장기에 자신을 얼마나 심하게 비난했었는지 깨닫기 시작했다. 이를 계기로 더 깊은 대화가 이어졌다.

쇼나는 처음에는 어린 시절이 평범하고 행복했다고 말했다. 그러나 치료 중 엄마를 언급할 때마다 매번 눈을 굴렸다. 우리가 이 영역으로 조금씩 발을 들이기 시작하자 쇼나는 여동생이 독립할 수 있는 나이가 되자마자 집을 나간 데에는 이유가 있음을 알게 되었다.

엄마가 딸의 집에 방문한 어느 날, 쇼나는 처음 깨달았다. 그녀는 내게 집을 구석구석 청소해야 했으며 엄마의 지난 방문 이후 새로 산 물건들을 모두 숨겨야 했다고 말했다. 엄마에게 자신을 비난할 구실을 주고 싶지 않았기 때문이다. 이런 행동은 그녀가 성인으로서 존재하기 위해 습득해 온 기술이다. 쇼나가 이미 경제적으로 독립했으며 자녀까지 있음에도 말이다. 쇼나는 엄마가 자신을 깎아내리는 데 기여할 만한 정보를 제거하려고 엄청난 노력을 기울였다.

쇼나는 지나칠 정도로 엄마에게 충실했으며 둘 사이는 쇼나에게 해로웠다. 모녀 사이에 확립된 행동 양식(가스라이팅과 비난)은 쇼나가 제이슨의 학대 징후를 눈치 채고도 자신의 직관을 믿지 못하게 했다. 제이슨은 바람을 피우고 쇼나를 조종하려 했다. 그런데도 쇼나는 그와의 관계를 유지했다. 제이슨은 과거 여자 친구들과 시간을 보내며 "걔네들이 힘든 시간을 헤쳐 나갈 수 있게 도와준 거야"라는 식의 터무니없는 변명을 늘어놓았다. 쇼나는 그 말을 믿었다. 어릴 때부터 자신의 직관을 신뢰하지 못했던 쇼나는 이런 헛소리에 완전히 넘어갈 수밖에 없었다.

멀고도 가까운
모녀 사이
탐색하기

    모녀 사이는 탐색하기 까다로운 관계다. 일반적이고 건강한 모녀 관계의 시작은 간단하다. 엄마가 딸을 낳고 영혼을 바쳐 아이를 사랑한다. 딸이 성장할 때 엄마는 그 자리에 그대로 있어 주며 딸을 안아 주고 가르친다. 그리고 딸을 인정해 주고 안전감을 제공한다. 딸이 사춘기에 접어들 때 이 발달 과정을 잘 헤쳐 나갈 수 있도록 딸을 수용하고 사랑하고 격려하는 것이 엄마의 일이다. 건강한 엄마는 상황이 좋을 때나 어려울 때나 딸을 항상 지지해 준다. 이것은 성장기 아이에게 매우 중요하다. 아이는 엄마와의 건강한 관계 속에서 나타나는 모습을 자기 자신이라고 학습하기 때문이다. 또한

나르시시스트 관계 수업

딸들은 부모와의 관계를 통해 타인과 관계 맺는 법을 배운다. 유아기의 딸들은 스펀지와 같아서 엄마와의 상호 작용을 모조리 흡수해 이 세계에서 자신만의 소통 방식을 구축하는 법을 터득한다. 부모에게 공감을 받으며 자랄 때 딸들은 자기 자신을 존중할 줄 아는 건강하고 독립적인 성인이 될 가능성이 크다.

자신이 누구인지 모르는 채 성장하는 일

반면에 나르시시스트 엄마를 둔 딸은 적절한 양육과 인정, 무조건적인 사랑이 부족한 가정에서 자란다. 이로 인해 자기 자신이 누구인지 모르는 어른으로 성장하는 경우가 많다. 성인이 되어서도 우유부단하고 중심을 잃는 것이다. 이 경우 딸은 자아가 약한 데다 엄마의 요구에 부응하도록 조건화되었다. 그래서 자기 자신보다 다른 사람을 우선시하는 관계를 추구하게 된다.

나르시시스트 엄마와 딸의 관계, 그리고 모녀 관계가 유발하는 폐해를 설명하는 이 장을 읽으면 여러분의 상황이 절망적으로 느껴질 수도 있다. 하지만 부디 절망하지 않길 바란다. 이 역기능적인 모녀 관계의 역동을 정확하게 이해하는 것이 중요하다. 그래서 여기에서는 이를 다소 가혹할 정도로 자세히 설명해 두었다. 여러분은 이러한 트라우마로부터 치유할 수 있다. 2장부터는 치유를 위해 할 수 있는 행동을 단계별로 논의할 것이다.

모녀 관계는 딸이 성장할 때 명백하게 중심 역할을 한다. 일반적으로 엄마는 자기 내면으로 딸을 데려간다. 딸을 양육하는 동시에 인생의 주요 사건들을 잘 거쳐 갈 수 있도록 안내한다. 또한 딸에게 여성성의 의미를 설명하는 하나의 모델을 제시한다. 따라서 모녀는 특별한 유대 관계를 형성할 수밖에 없다.

엄마와 아이 사이의 유대감은 태어나자마자 바로 형성된다. 이때 아이는 엄마에게 애착을 갖고 신뢰하는 법을 배운다. 엄마는 음식과 애정을 포함해 다양한 보살핌이 필요한 아이의 욕구를 충족시켜 주면서 일관되게 행동한다. 모녀의 유대 관계는 딸에게 굉장히 중요하다. 딸의 학습 능력, 감정 표현 능력과 건강한 관계를 맺는 기술에 도움을 주는 뇌세포

간의 연결을 촉진하기 때문이다. 태어날 때부터 부모와 유대감을 형성하든 이후에 형성하든 아이들에게는 부모와의 유대 관계가 필수이다. 그것이 없으면 아이들은 자신이 누구인지에 대한 감각을 발달시키는 데 훨씬 많은 어려움을 겪는다. 부모의 방치와 무관심은 아이의 정신 질환 발병률을 높인다. 게다가 주요 발달 지표를 달성하고 독립성을 키울 동기를 부여하지 못한다. 부모와의 유대감은 아이가 정신적으로나 신체적으로 건강하고 씩씩하게 자라는 데 가장 좋은 토대가 된다.

나르시시스트 엄마는 건강한 엄마의 방식대로 딸과 유대감을 형성하지 않는다. 그녀는 우는 아기에게 일관된 방식으로 반응하지 않는다. 그래서 아이는 기본적인 욕구를 충족시키는 법을 배우지 못한다. 일관적이지 않은 양육 태도에서 딸은 엄마의 관심을 얻을 수 있는 확실한 방법은 없다는 사실을 배운다. 이 교훈을 깨우친 딸은 엄마의 눈과 귀를 사로잡기 위해 무엇이든 할 것이다. 여러분의 상상대로 이 같은 행동은 두 사람 사이에 적잖은 갈등을 일으킬 수 있다.

딸이 엄마의 인정을 위해 건강하지 못한 방법을 선택했기 때문에 모녀 관계는 실패할 수밖에 없다. 또한 딸은 엄마에게 의지할 수 없다는 사실을 내면에 깊이 새긴다. 나르시시스트 엄마를 둔 딸은 처음부터 불리한 처지에 놓인 것이나 다름없다. 나이를 먹고 엄마와 소통할수록 딸은 시도 때도 없이 바뀌는 엄마의 기대를 충족시켜야 하는 상황에 놓인다. 그리고 엄마의 골치 아픈 행동을 거부할 기술이나 힘을 기르지 못한다. 딸은 자기 자신을 잃게 만드는 엄마에게 점점 집중하게 된다. 엄마의 호감을 사려고, 엄마가 던져 줄지 모르는 사랑의 부스러기라도 주우려 애쓴다. 딸은 이렇게밖에 자기 정체성을 알지 못한다. 보통의 딸들은 엄마의 돌봄과 사랑을 느낀다. 하지만 나르시시스트 엄마를 둔 딸은 오히려 엄마를 돌보고 사랑하기 위해 존재한다.

나르시시스트가
아이를 낳는 이유

그렇다면 나르시시스트가 아이를 낳는 이유는 무엇일까? 바로 자기 욕구를 채우기 위해서다. 나르시시스트 엄마는 아이를 가지면 자신을 탐탁지 않게 여기는 사람들의 생각이 바꾸러라고 여긴다. 자신을 이기적이고 다른 사람을 돌볼 줄 모른다고 생각하는 사람들이 잘못되었음을 증명한다고 생각할 수 있다. 나르시시스트는 일단 아이를 가지면 자기 자신 외에 다른 사람을 사랑할 수 있음을 보여줄 수 있다고 믿는다. 이와 더불어 자기 내면의 공허함을 채우려 아이를 가지려는 것일 수도 있다.

나르시시스트에게 아이, 특히 딸의 존재는 자신이 받았던 학대와 방임을 치유할 수 있다는 의미이다. 왜냐하면 그녀는 무조건적인 사랑이 무엇을 뜻하는지 이미 알고 있기 때문이다. 하지만 불행히도 그녀는 자신이 어렸을 때 그러한 사랑을 받지 못했다는 사실을 곱씹으며 딸을 원망할 것이다. 그래서 결국 딸에게 무조건적인 사랑을 표현할 수 없다.

나르시시스트는
어린아이로
머무른다

심리치료사가 나르시시스트 엄마를 둔 딸들에게서 흔히 발견하는 특징은 딸들이 정서적으로 엄마를 보호해 왔다는 점이다. 딸은 정작 본인의 욕구는 제쳐두고 엄마에게로 주의를 돌린다. 이런 행동을 지칭하는 용어가 바로 앞에서 언급한 부모화다.

나르시시스트 엄마의 정서적 발달이 어디에서 멈췄는지 알 수 있는 방법이 있다. 엄마가 분노를 표출할 때 몇 살처럼 보이는지 생각하면 된다(모든 나르시시스트의 공통점이다). 엄마의 정서적 발달이 아동기에 멈춰 있다는 점을 알면 많은 의문이 풀린다. 예를 들어 왜 엄마가 여러분을 위해 병원에 예약 전화를 하지 못했는지 혹은 여러분이 잠자리에 드는 데 필요한 환경을 조성하지 못했는지를 깨달을 수 있다. 어린아이 상태에 갇힌 사람으로서 엄마에게는 아이를 돌보는 일들이 자신이 감당할 수 있는 수준을 뛰어넘는 책무로 다가왔을 것이다.

엄마의 엄마가 되는 딸

정상적인 발달 과정을 거치지 못한 나르시시스트는 감성 지능과 좌절을 견디는 힘이 매우 부족하다. 그래서 엄마는 자신의 두려움을 딸에게 털어놓기 시작한다. 남편, 친구와 같은 다른 성인에게 이야기해야 할 내용을 딸에게 말한다. 이 과정을 거치면서 엄마는 딸과 밀착 관계를 형성한다. 그리고 딸이 구분 지을 수 있는 어떤 경계도 용납하지 않는다. 나르시시스트 엄마는 자신의 어린 자녀들을 돌봐야 하는 책임을 딸에게 전가하기도 한다. 육아로 인한 스트레스를 관리할 수 있는 정서적 역량이 부족하기 때문이다. 따라서 딸은 제대로 된 어린 시절을 누리지 못하거나 성인이 되어 건강한 관계를 맺는 데 필요한 기술을 개발하지 못한다.

나는 나르시시스트 엄마를 둔 딸들이 모두 예외 없이 부모화나 역할 반전을 겪었다는 사실을 발견했다. 이것은 나르시시스트 엄마와 딸의 관계에서 나타나는 전형적인 특징이다. 그러한 패턴을 딸이 스스로 알아차리지 못하더라도 치료실로 찾아와 먼저 꺼내는 일반적인 주제이다. 이 현상은 대개 딸이 즐거움과 쾌활함, 유머 감각 등이 부족한 성인으로 자라는 결과를 낳는다.

'공동의존'은 나르시시스트들의 또 다른 행동 방식 중 하나이다. 나르시시스트를 공동의존적이라고 생각하는 것이 부적절하게 보일 수 있다. 나르시시스트의 자아(자존감이나 자기 중요성)는 보통 사람들처럼 내면에서 비롯되지 않는다. 나르시시스트의 자아는 삶에서 타인에게 반영된 자기 모습으로부터 힘을 얻는다. 타인의 칭찬에 크게 의존하는 것이다. 여러분이 엄마나 나르시시즘 성향을 보이는 주변 사람들을 통해 보았듯이 나르시시스트는 삶에서 충실한 사람 한두 명을 곁에 두고 그들의 칭찬에 상당히 의존한다. 나르시시스트들

나르시시스트 관계 수업

나르시시스트 엄마를 둔 딸들에게서 흔히 발견하는 특징은
그녀들이 정서적으로 보호자 역할을 해 왔다는 점이다.
딸은 정작 본인의 욕구는 제쳐두고 엄마에게로 주의를 돌린다.

은 대개 이런 관계에서 자신이 주도권을 꽉 쥐고 있으며 기분 내키는 대로 사람들을 이용할 수 있다고 생각한다. 나르시시스트에게는 유감이지만 사람들은 그들이 기대하는 수준의 헌신을 보여 주지 않는다. 또한 그들이 맺는 인간관계는 처음에는 열정적이나 빠르게 흐지부지되는 경향이 있다. 거의 하룻밤 만에 사람들을 '좋은 친구'라고 부른다. 그러고는 곧바로 사이가 극적으로 나빠질 수도 있다. 타인에게 요구하는 성격과 취약한 감정 상태 때문에 나르시시스트에게는 인간관계를 오랜 기간 유지할 능력이 없다.

나르시시스트에 대해 잘 모르는 이들은 여러분의 엄마를 외향적이고 사람들과 빠르게 친해지는 사람이라고 볼 수 있다. 또한 독립적인 사람이라고 여길 수도 있다. 하지만 여러분은 엄마가 집에 혼자 앉아 생각에 잠기지 않으려고 절박하게 사회 활동에 매달리는 모습을 지켜본다. 여러분은 스스로를 엄마를 위한 최후의 선택지로 여겨왔을 것이다. 엄마가 함께 식사를 하러 나갈 상대를 찾지 못하면 엄마가 혼자 있지 않도록 모든 일을 제쳐 두어야 하는 것이다.

나르시시스트 엄마는 자신에게 충실한 소수의 사람들을 제외하고는 지속 불가능한 방식으로 사람들에게 의존한다.

일반적으로 그녀가 가장 의지하게 될 사람이 있다면 낭만적 관계에 있는 파트너이다. 이것이 특히 잔인한 사실인 이유는 그녀가 파트너(혹은 여러분의 또 다른 양육자)에게 많은 요구 사항을 쏟아내는 행동이 근본적으로 여러분에게서 믿을 수 있는 양육자를 빼앗기 때문이다.

상처를 받는 관계를
스스로
반복하는 이유

'애착 이론'은 정신과 의사인 존 볼비John Bowlby와 발달 심리학자인 메리 애인스워스Mary Ainsworth가 처음 발전시켰다. 두 사람의 연구는 아기들이 양육자, 특히 엄마에게 어떤 식으로 애착을 형성하는지 이해하는 데 획기적이었다. 두 사람은 애착에 대해 매우 깊이 탐구했고 임신 중에도 엄마가 아이에게 애착을 가질 수 있다는 사실을 보여 주었다. 애착 형성 과정은 여성이 어머니가 될 준비를 하는 데 도움을 줄 수 있다.

자신의 욕구에 반응하는 부모를 둔 아기는 안전하게 애착을 형성하고 타인을 신뢰하는 법을 배울 수 있다. 아이가 부모와 안전한 애착 관계의 기반을 다지면 부모가 나를 돌봐준다고 확신한다. 부모가 그 자리에서 변함없이 자신을 지지해 줄 것임을 알기에 세상을 더 자유롭게 누빌 수 있다. 반면에 자신의 욕구가 계속해서 충족되지 않는 아이는 일찍이 신뢰를 배우지 못한다. 게다가 자신의 감정이나 스트레스를 관리하는 법도 터득하지 못한다. 애착 유형은 우리가 서로 사랑하고 신뢰하는 관계를 맺는 방법을 깨우칠 때까지 평생을 따라다닌다.

애착 유형은
변할 수 있다

안타깝게도 우리는 해로운 인간관계를 경험하고 나서야 애착 유형이 관심을 가져야 할 정신건강 영역이라는 사실을 깨닫는다. 하지만 다행히도 우리는 애착 유형으로 종신형 선고를 받지는 않는다. 인내심을 가지면 어릴 때 습득한 패턴을 극복할 수 있다.

어린 시절에 형성된 애착 유형은 우리가 살면서 겪을 수 있는 관계를 결정하는 무대를 마련한다. 여러분이 나르시시스트 엄마 밑에서 자랐다면 여러분의 애착 유형은 불안정할 것이다. 나르시시스트 엄마는 아기와 유대감을 형성하거나 아기의 욕구를 최우선으로 두는 방법을 모르기 때문이다. 엄마의 이기적인 사고방식은 오히려 아이를 향해 분노를 느끼게 할 수 있다. 이 분노는 아기를 나의 시간을 제한하고, 욕구를 충족하지 못하게 방해하는 존재로 보는 시각에서 비롯된다. 나르시시스트 엄마는 자신이 편할 때만 아이의 울음에 반응할 것이다. 이런 행동은 고통을 다룰 능력이 아직 없는 성장기 아이에게 공포와 스트레스, 불신을 심어 준다. 아기는 계속 울고 엄마는 적절한 양의 공감과 사랑을 주지 못하면서 악순환이 반복된다. 아이가 불안을 더 크게 느낄수록 나르시시스트 엄마도 뒤로 물러서는 반응을 보일 것이다. 왜냐하면 아이의 행동을 감정적으로 받아들이기 때문이다.

　애착 유형은 우리가 일상생활에서 기능하는 방식에 중요한 역할을 하기에 한번 살펴볼 필요가 있다.

안정 애착

　'안정 애착'은 신뢰를 통해 발달한다. 아이가 괴로워하면서 울면 양육자는 애정과 관심을 가지고 반응한다. 아기가 경험하는 안정 애착은 일생에 걸쳐 타인을 신뢰하고 그들과 유대감을 형성하는 데 도움을 준다. 단단한 정서적 기반 덕분에 아이는 애정을 바탕에 둔 안정적인 관계를 발전시킬 수 있다. 또한 건강한 자존감을 지닌 성숙한 어른으로 자랄 가능성이 크다. 따라서 정신적, 정서적, 신체적으로 해로운 관계를 더 능숙하게 피할 수 있다.

안정 애착을 가진 아이로 키우려면 부모의 헌신이 필요하다. 부모는 아이에게 아주 많은 관심을 기울여야 한다. 아이의 의사소통 방식과 성격을 이해하기 위함이다. 딸과 조율하는 과정을 통해 부모는 딸의 요구를 예측하고 그것에 빠르게 반응하여 신뢰와 강한 유대감을 형성할 수 있다.

부모가 아이와 깊은 수준의 조율 과정에 필요한 관심과 보살핌을 제공하지 못할 때 '불안정 애착'이 형성된다. 아이의 요구에 간헐적으로 반응하는 것은 아이에게 불안감을 안겨주기 때문에 더욱 곤란하다. 아이는 양육자와 의사소통을 통해 자신에게 필요한 관심을 얻는 일반적인 방식에 의지할 수 없으므로 자기감정을 조절하지 못한다.

양가 애착

'양가 애착'을 보이는 아이는 엄마가 자신의 요구에 가끔 관심을 보일 뿐이라는 사실을 깨우친 상태다. 나르시시스트 엄마를 둔 딸은 어릴 때부터 엄마가 자기에게 분노를 표출할 때가 있음을 안다. 여러분의 예상대로 이는 태어날 때부터 양육자와 연결되어 있는 아기에게 매우 혼란스러운 일이다. 물론 건강한 애착 관계는 음식, 물, 안전 등과 같은 필수 조건이 잘 갖춰진 상태로 아이를 양육하는 것을 목표로 삼는다. 그러나 아이에게는 정서적 연결 또한 필요하다. 나르시시스트 엄마와는 이런 요소가 충족되지 않는다.

나르시시스트 엄마가 아이의 신체적 욕구는 충족시켜 주지만 정서적으로는 연결되지 못하는 경우가 있다. 이때 아이는 자신이 짐이라고 느낀다. 나이가 들어도 딸은 서로 신뢰하고 사랑하는 관계를 맺는 것이 무엇인지 이해하지 못할 수 있다. 또는 정서적으로 의지할 수 없는 사람들에게 끌릴지도 모른다. 그런 관계가 익숙하기 때문이다.

양육자에게 거부당했다는 느낌이 뿌리 깊게 박혀 있으면 성인이 되어서 맺는 다른 인간관계를 망칠 가능성이 있다. 자신을 배려해 주는 연애 상대와 함께 있어도 마찬가지이다. 엄마가 자신에게 무관심했기 때문에 상대에게 매달리고 집착하며 그들의 의도를 의심할 수 있다. 또한 자신을 떠날지도 모른다는 조짐이 보이면 극도로 불안해할 것이다. 불안감을 방치하면 자기충족적 예언으로 이어질 수 있다. 즉, 그녀의 요구 사항이 건강한 상대에게는 큰 압박으로 다가오고 그녀가 습득한 행동 패턴이 이들을 밀어낼 수 있다. 그녀는 건강한 애착 유형을 배우고 스스로의 가치를 깨닫기 전까지 해로운 관계를 반복해서 맺는다.

회피 애착

'회피 애착'은 다른 불안정 애착 유형과 마찬가지로 욕구를 충족시켜 달라는 아기의 울음에 부모가 보이는 부적절한 반응에서 비롯된다. 회피 애착에서는 엄마가 딸의 눈물이나 고통에 거부하는 태도로 반응한다. 딸에게 울지 말라고 다그치거나 혼을 낸다. 딸이 영유아인 경우에는 수유를 하며 유대감을 쌓기보다 아기에게 젖병을 쥐여 주고 지탱해 주기만 할 수도 있다. 여러분이 엄마로서 이런 행동을 했다면 아이의 건강한 애착 형성을 방해했다는 의미는 아니다. 위와 같은 방식을 부모가 지속적으로 사용했을 때만 건강하지 않은 애착 유형이 된다.

부모가 적극적으로 아이를 달래기보다 아이를 방치하는 행동을 반복할 때 아이는 스스로를 위안하는 법을 터득한다. 양육자에게 의지하거나 위로를 받을 수 없다는 사실을 알기 때문이다. 그러면서 아이는 어른처럼 행동한다. 감정을 표현하지 않는 법을 배우고, 사람들에게서 느끼고 싶은 연대와 사랑, 위로의 욕구를 차단한다. 아이는 외로움과 더불어 공허함도 느낄 것이다. 내면에서는 자신이 사랑과 존중을 받을 가치가 없다고 생각할 수도 있다. 성인이 되어서도 연애 관계에서 친밀감을 거부할 것이고 관계가 깊어질수록 불편하다고 느끼게 된다. 상대방이 정서적 욕구를 표현할 때 관계에 흥미를 잃는 것이다. 심지어 거절에 대한 공포 때문에 관계 자체를 피할지도 모른다.

혼돈 애착

'혼돈 애착'은 '혼란 애착'이라고도 알려져 있다. 주로 엄마가 딸의 고통에 어떻게 반응해야 할지 모를 때 발생한다. 엄마는 아이에게 안전감을 줄 수 없는 데다 일정 부분 아이의 감정을 무의식적으로 모방한다. 어린 딸이 두려움을 느낄 때 엄마는 딸에게 안전하다고 안심시키기는커녕 본인도 공포 반응을 일으킬 수 있다. 엄마가 불안정하기 때문에 딸은 엄마를 안정감을 주는 사람으로 생각하지 않는다.

딸은 엄마에게 무력감을 느끼는 경향이 있고, 이 감정을 어떻게 처리해야 할지 모른다. 딸은 엄마의 공포와 불안을 내면화한다. 그리고 세상을 보호 장치가 거의 혹은 아예 없는 무시무시한 곳으로 보게 된다. 성장기를 겪는 동안 딸은 혼란스러움을 느낀다. 불안정감을 내면화했으므로 주변의 선한 사람들을 이해하는 데 어려움을 겪을 수도 있다. 엄마는 본인의 두려움 때문에 제대로 보호자의 역할을 하지 못할 것이고 딸은 엄마와 역할이 뒤바뀔 것이다. 다시 말해 딸이 엄마에게 안전하다고 위로하거나 안심시키는 셈이다. 딸의 이 같은 행동은 나르시시스트 엄마에게 자신이 중요하다고 느끼는 자양분이 된다. 엄마는 딸의 보호막 아래서 승승장구한다. 그것이 엄마의 자아를 먹여 살리기 때문이다.

애착 손상

'애착 손상'은 유대감 형성을 방해하거나 파괴하는 관계로 인한 트라우마다. 이로 인해 관계에서 상대를 배신하거나 상대에게 지지와 안정감을 제공해 주지 못할 수 있다. 또한 상대의 욕구에 무관심하게 반응하는 형태로 나타날 수 있다.

위에서 살펴본 애착 유형에서 알 수 있듯 애착 손상은 태어날 때부터 일어날 수 있다. 또한 딸의 인간관계에 평생 지대한 영향을 미친다. 우리는 부모님과 비슷한 사람으로 파트너를 고르는 성향이 있다는 말을 들어봤을 것이다. 이전 관계에서의 결함을 새로운 사람을 통해 고치고 싶은 무의식적인 욕구가 있기 때문이다. 나르시시스트 엄마 밑에서 자란 딸은 엄마와 비슷한 사람과 파트너가 될 가능성이 크다. 딸은 유대감이 심각하게 무너지는 고통을 겪었다. 그렇기 때문에 성인이 되어 연애할 때 사소한 싸움이나 갈등도 용서할 수 없다고 생각함으로써 관계가 영원히 흔들릴 수 있다. 게다가 상대를 절대 신뢰할 수 없는 사람이라 보고 관계에서 스스로 거리를 두기 시작할 수도 있다. 이는 딸의 불안감을 더욱 증폭시킨다.

자기애적 공급원

'공급원' 또는 '자기애적 공급원'은 나르시시스트가 살아가는 데 필요한 타인의 감탄, 인정, 긍정, 관심을 설명하기 위해 널리 사용되는 용어다. 나르시시스트에게 공급원은 마약과 같으며 공급원이 없으면 사회적으로 한발 물러서게 된다. 그들은 보상이나 여러 유형의 인정을 통해 공급원을 받을 수 있다. 그러나 자기 내면으로부터는 그렇게 하지 못한다. 그들의 공급원은 항상 외부에 있으며 그것을 통해 궁극적으로 자신의 존재를 정의한다.

소셜 미디어는 나르시시스트가 필사적으로 원하는 공급원을 받을 수 있는 안식처이다. '강력한 한방'이 필요할 때마다 그들은 칭찬을 받기 위해 자신이 돋보이는 사진을 올릴 것이다. 부정적인 관심조차 그들에게는 연료가 된다. 관심을 얻을 수만 있다면 그 과정에 대해서는 그다지 까다롭게 굴지 않는다. 그들은 언제든 자신에게 유리하도록 댓글을 조작할 수 있다. 예를 들어 사람들이 자신을 질투하기 때문에 자기 사진을 좋아하지 않았다고 말할 수 있다. 또는 부정적인 관심을 받으면 피해자 역할을 할 수도 있다. 나르시시스트에게는 공급원 확보가 가장 중요하다. 그들이 친구나 지지자로 보이는 많은 사람을 곁에 두는 이유다. 나르시시스트의 자아는 공급원에 기반을 두고 있다. 공급원이 없으면 자신도 존재할 수 없으므로 이들과의 관계를 유지하려고 노력한다.

사랑한다면서
의존하게
하는 사람

　나르시시즘의 세계에서 인에이블러(Enabler, '조장자'라는 뜻으로 본인은 상대를 도와주고 있다고 생각하지만 실은 자신에게 의존하도록 함으로써 상대의 자율성을 박탈하는 사람)는 대개 나르시시스트의 배우자 혹은 파트너이다. 나르시시즘 학대를 치료 중인 사람들은 인에이블러를 '날아다니는 원숭이'라고 부른다. 알다시피 하늘을 나는 원숭이는 소설 《오즈의 마법사》에서 사악한 서쪽 마녀를 지키며 그녀의 명령을 수행했던 동물이다. 인에이블러는 나르시시스트와 장기적인 관계를 유지하며 그들의 자기애적 성향을 지켜 주는 역할을 한다. 또한 인에이블러는 공동의존적이거나 쉽게 휘둘리는 성격의 친구일 수 있다. 이는 보통 나르시시스트에게만 나타나는 형태의 우정이다. 왜냐하면 쉽게 휘둘리지 않는 사람들은 이런 역할을 맡을 정도로 나르시시스트와 관계를 오래 유지하고 싶지 않을 것이기 때문이다.

인에이블러는 자신이 계속해서 나르시시스트에 공격당하는 희생자가 되더라도 그들의 행동을 옹호할 것이다. 나르시시스트에게 굴복함으로써 인에이블러는 보호를 받는 상태를 유지한다. 이 특별한 지위는 나르시시스트가 분노와 부정적 감정을 다른 사람들에게 집중한다는 점을 의미한다. 인에이블러의 충성은 그들이 갈구하는 나르시시스트의 칭찬과 애정으로 보상받는다. 그들은 나르시시스트의 지위를 인지하고 있다. 이는 인에이블러가 나르시시스트의 거창한 페르소나를 어느 정도 믿는 경향이 있기 때문이다.

인에이블러는 나르시시스트를 보호함으로써 특권과 위신을 획득한다. 그들은 아이들이 자신을 필요로 할 때 나르시시스트의 분노에 굴복한다. 오히려 아이들의 생각이 잘못되었다고 비난하며 희생양으로 삼을 것이다. 인에이블러는 이런 행동을 통해 나르시시스트의 호감을 얻을 수 있다. 그들은 아이들뿐 아니라 나르시시스트의 나쁜 행동과 모욕, 분노를 참아 내는 다른 사람들까지 자신이 보호하고 있다고 확신한다. 안타깝게도 이 말은 부모가 그들만의 병적인 관계에 사로잡혀 아이들을 방치된 상태로 두거나 제물로 삼는다는 뜻이다.

인에이블러
분별하기

인에이블러는 나르시시스트의 성향을 유지시켜 주는 것과 관련이 있다. 나르시시스트가 사람들에게 사랑과 존경을 받으며 우월감을 느낄 때 인에이블러는 평온하고 감정적으로 덜 피곤해한다. 또한 나르시시스트에게 상당한 공감을 표현하기도 한다. 인에이블러가 그들의 가면이 벗겨진 취약한 순간을 주로 보기 때문이다.

인에이블러를 파악하려면 그들이 스트레스를 견디는 힘이 부족하다는 점을 알아야 한다. 그들의 정서적, 정신적 에너지는 나르시시스트에게 주의를 기울이면서 소모된다. 따라서 인에이블러 부모는 자녀에 대한 인내심이나 그들의 욕구에 공감하는 능력이 거의 없는 상태이다. 여러분의 아빠가 인에이블러라면 아빠가 나르시시스트 엄마에게는 공감과 사랑을 표현하면서도 여러분에게는 공감하지 못하는 모습을 볼 수 있다. 이러한 가정의 자녀들은 대개 밖으로 밀려난다. 아이들은 나르시시스트와 인에이블러 부모에게서 충분한 존중을 받지 못한다. 그런데도 인에이블러는 아이들이 나르시시스트 엄마를 존중하길 기대한다. 인에이블러는 나르시시스트의 행복을 위해 아이들이 엄마의 학대로 보이는 반응을 인정하지 않을 것이다. 그는 나르시시스트의 안위를 가장 우선시한다. 그것이 아이의 행복과 안전을 희생한 결과물이라 하더라도 말이다.

다음은 인에이블러가 일반적으로 사용하는 문장의 목록이다. 나르시시스트가 아이에게 해로운 행동을 할 때 사용된다. 나르시시스트 엄마가 책임을 회피할 수 있게 함으로써 그녀를 보호하려는 목적이 있다. 보통 인에이블러는 엄마의 '행동'에서 아이의 '민감성'으로 초점을 옮긴다. 여러분의 삶에서 누군가 다음 문장을 적어도 4개 이상 말했음을 알아차렸다면 바로 그 사람을 인에이블러라고 판단할 수 있다.

□ "엄마가 일부러 그런 것은 아니야."

□ "너무 기분 나쁘게 받아들이지 마."

□ "네가 너무 예민한 거야."

□ "네가 강해져야지!"

□ "엄마가 이런 식인 거 알고 있었잖아."

□ "엄마 심기 건드리지 마."

□ "네가 엄마를 울렸잖니. 가서 사과해."

무조건적인
사랑이
없는 관계

우리는 모녀 사이의 유대감이 얼마나 중요하고 독특한지 알아보았다. 손상된 유대감은 모든 아이에게 파괴적이다. 하지만 유대감이 아예 없거나 불안정한 상태는 나르시시스트 엄마를 둔 딸에게 특히 잔인한 일이다. 딸은 자신의 성취와 그 결과물이 엄마에게 어떤 식으로 반영되는지에 의해 평가된다. 엄마가 주는 무조건적인 사랑이란 없다. 딸은 항상 엄마의 사랑을 쟁취해야 한다. 그리고 그렇게 얻은 사랑은 찰나일 뿐이다. 엄마를 기쁘게 하고 스스로를 달래기 위해 딸은 생존 메커니즘처럼 특이한 행동을 보이며 상황에 적응할 것이다. 예를 들어 엄마에게 긍정적인 반응과 인정을 받으려고 엄마가 퇴근하기 전 의무적으로 집 안을 청소할 수도 있다. 혹은 내면에서 느껴지는 공허함과 외로움을 회피하려고 물질적인 것으로 눈을 돌릴지도 모른다. 또한 딸은 사랑을 받는다는 감정을 느끼기 위해 오래가지 못할 관계에 필사적으로 매달리기 쉽다.

나르시시스트 엄마를 둔 딸들은 대개 자기 돌봄 문제로 아주 힘겨운 생활을 한다. 우리가 스스로를 돌보기 위해 하는 기본적인 행위들을 해내는 데 어려움을 겪을 수 있다. 규칙적인 샤워, 영양가 있는 음식 섭취, 체내 수분 유지, 일정한 수면 시간 확보 등의 행위들이다. 나르시시스트 엄마를 둔 딸들은 보통 우울 증상을 보일 확률이 높다. 그래서 이러한 기본 욕구들이 충족되지 않으리라는 사실은 놀랍지도 않다. 우울증을 앓는 많은 이들 역시 스스로를 돌보는 일에 어려움을 겪기 때문이다.

강력한 지지 체계를 갖추지 않는 이상 딸은 스스로를 도울 방법을 찾지 못할 것이다. 그녀는 다른 사람들(특히 엄마)을 우선시하는 학습된 행동을 거스르는 방향의 격려를 받아야 한다. 딸이 자신은 괜찮다고 주장하며 스스로를 위해 무언가를 하면 엄청난 수치심을 느낄 수 있기 때문이다. 예를 들어 딸은 마침내 운동 수업을 가기로 마음먹을 수 있다. 하지만 그곳에 있는 내내 이 시간에 더 가치 있는 무언가를 해야 한다고 생각하며 죄책감을 느낄 것이다. 딸은 자신의 행복보다는 엄마를 즐겁게 해 주는 무언가를 얻어 내야 한다고 느낀다. 자기 자신을 사랑하는 법을 배우지 못했기 때문이다.

모든 것이
내 탓이라는 생각

여러분은 다른 사람들에게 지적을 받을 정도로 자주 "미안하다"라고 말하는가? 임상의들은 성인이 된 나르시시스트의 딸들이 마침내 도움을 요청하고 치료를 받으려 할 때 이런 장면을 빈번하게 목격한다. 치료를 받을 때 이 여성들은 기침을 하거나 다음 상담 약속이 언제인지 묻는 일까지 모든 일에 사과한다.

이 여성들은 일찍부터 잘못을 했든 안 했든 본인에게 비난이 온다는 사실을 배웠다. 자기 자신을 방어하느라 소진되는 상태를 피하려고 일단 사과해서 갈등을 끝내려는 습관을 들인 것이다.

이러한 현상의 함정은 딸들이 실제로 많은 문제가 본인 탓이라고 생각한다는 데 있다. 나르시시스트의 딸은 본인이 다르게 행동했거나 다른 사람이었다면 상황이 훨씬 나아졌으리라고 믿는다. 자신이 엄마의 분노에 빌미를 제공했다고 생각하며 엄마를 자극한 것에 전적으로 책임을 지려 한다. 다시는 같은 일이 일어나지 않도록 점점 더 자신의 감정을 부정하고 엄마에게 집중하는 법을 배운다. 결국 딸은 엄마와 인에이블러의 거짓말과 왜곡을 내면 깊이 새긴다.

앞에서 애착 유형을 논의할 때 보았듯이 어린 시절의 경험은 나중에 딸이 맺는 인간관계의 방향을 결정한다. 이는 연애 관계뿐 아니라 우정이나 직업상 만나는 동료들에게도 해당한다.

나르시시스트 엄마를 둔 딸은 모든 관계에서 자신이 받아들여지기를 기다리고 또 기다리며 순종적인 역할을 맡도록 학습해 왔다. 성장기에 엄마와 맺었던 관계처럼 딸은 과장된 행동으로 사람들에게 인정을 받으려 한다. 예를 들어 직장 동료가 금요일 밤에 콘서트에 갈 수 있도록 자원해서 원치 않는 교대 근무를 맡을 수도 있다. 본인도 같은 콘서트 티켓을 갖고 있었는데도 말이다. 이웃들이 2주간 휴가를 떠날 때 강아지나 아이들을 돌봐주겠다고 할지도 모른다. 이는 딸이 관계를 잃을까 두려워 다른 모든 이들의 입장을 먼저 생각하는, 학습된 행동이다. 이 행동은 자주 격렬한 분노로 이어지는데, 결국 딸은 심한 갈등을 느끼게 된다. 다시 말해 그녀는 사회적 연결을 필요로 하면서도 무시당하는 익숙한 느낌에 분개하는 것이다.

한 사람이 끔찍한 사건을 목격하거나 경험한 후에 발병하는 외상 후 스트레스 장애(PTSD)에 대해서는 많이들 익숙하다. 그런데 PTSD의 진단 기준은 엄격하고 제한적이다. 나를 포함한 심리치료사들은 대부분 좁은 의미의 PTSD보다 복합 PTSD라고 불리는 CPTSD(복합 외상 후 스트레스 장애)를 치료하면서 더 자주 목격한다.

CPTSD를 가진 사람들은 과잉 경계, 침투적 사고(반복적이며 수용하기 힘들고 원치 않는 생각이나 충동) 혹은 악몽이나 정신이 굳어서 흐려지는 현상인 정서적 둔마 등을 포함하는 PTSD의 일부 증상을 공유한다. 하지만 CPTSD에는 감정 조절 불가, 불안정한 관계, 해리(의식과 동떨어진 상태에서 자신의 한 부분이 분열되는 것으로, 현실에서 거리를 유지한 채 경험하는 마음), 자신을 학대하는 사람들에 대한 왜곡된 시각 등 PTSD에서 명확하게 나타나지 않는 추가 증상들이 있다. 일반적으로 더는 견딜 수 없어 사람들을 치료로 이끄는 건 바로 이 증상들이다.

우울과 불안은 CPTSD와 PTSD에 내재한다. 나르시시스트 학대를 받은 여성들은 두 장애와 관련된 증상들로 도움을 요청할 가능성이 더 크다. 하지만 근본적으로 외상 장애가 있다면 우울과 불안은 문제의 일부일 뿐이다. 매우 심각한 나르시시즘 학대를 받은 여성들은 다양한 약을 과다 복용해 왔다. 그러나 증상은 결코 완화되지 못했다. 약물 치료는 자존감을 높여 주지 않는다. 약물로는 평생 조건을 걸어서 자신을 인정해 주는 말을 들어온 사람이 스스로 가치 있다고 느끼도록 도와줄 수 없다.

지금까지 나르시시스트 엄마를 둔 딸은 다른 사람에게 의지할 수 없다는 점을 배웠다. 기억하겠지만 어린 딸의 요구는 충족되지 않았고, 이는 타인을 불신하는 경향으로 이어졌다. 딸이 성장하면서 불신은 그녀가 맺는 관계의 기저에 자리 잡는다. 인에이블러를 연상하게 하는 사람에게 끌린다 해도 딸은 그 사람을 믿지 못할 것이다. 왜냐하면 인에이블러가 엄마를 행복하게 해 주려고 자신을 방치하는 상황을 지켜봤기 때문이다.

이처럼 학습된 불신은 대인 관계에 악영향을 미칠 수 있다. 딸이 스스로를 보호하려는 시도로 다양한 관계와 기회들을 놓칠 수 있기 때문이다. 그녀는 다른 사람이 있는 그대로 자신을 사랑할 수 있음을 믿지 못한다. 이로 인해 건강한 연애를 할 때조차 관계를 망칠 수 있다. 진지한 관계가 아니면 관계를 돌볼 가치가 없다고 확신해 '상처를 받기 전에' 떠날지도 모른다. 필연적으로 자신이 상처를 받으리라고 생각하기 때문이다. 이 책을 통해 여러분은 애정을 기반으로 하는 안전한 관계를 맺을 수 있음을 배울 것이다. 여러분에게는 그럴 자격이 충분히 주어졌다.

스스로를 괴롭히는 피해자들

나르시시스트 엄마는 감정을 조절하는 건강한 방식을 보

여 주지 않는다. 딸이 자신의 감정을 인정하고 고통을 이겨
내도록 도와주지도 않는다. 성인이 되어서 딸은 자해 행동을
할 수 있다. 딸은 감정을 조절하는 법을 배운 적이 없어 슬픔
이나 분노 등 부정적인 감정에 압도되기 쉽다. 이 여성들은
자기 자신에 대한 완벽한 통제력을 잃을까 두려워서 감정을
표현할 수 없다. 따라서 대처 방법으로 자해를 선택하기도
한다.

　어떤 여성들은 팔뚝과 피부가 노출된 부분에 명백히 드러
나는 자상 흉터를 지닌 채 상담실에 온다. 또한 내 상담실은
오락 목적의 대마초 사용이 합법인 주에 있다. 내담자들은
대마초를 피우는 것이 불안을 조절하고 밤에 잠을 자는 데
도움을 준다고 아주 거리낌 없이 이야기했다. 내담자들은 수
년간 축적된, 스스로가 무가치하고 부족하다는 느낌을 견딜
수 없어 알코올을 비롯한 물질들을 남용한다고 이야기한다.
음식과의 강박적인 관계를 뜻하는 섭식 장애 역시 이런 여성
들에게 흔히 발생한다. 엄마가 '이상적인' 외모의 중요성을 강
조했기 때문이다.

　나르시시스트의 학대에는 분명한 패턴이 있다. 그들은 가

해자가 자신에게 가한 똑같은 행동으로 스스로를 괴롭힌다.

나르시시스트 엄마는 딸을 휘두르려는 속셈으로 딸에게 '너의 감정이나 의견에 근거가 없거나 둘 다 중요치 않다'고 반복해서 이야기한다. 나르시시스트 엄마를 둔 딸들은 이러한 가스라이팅 대화를 자신의 내면에 흡수한다. 일반적으로 우리는 타인에게 가스라이팅을 당하는 이야기를 듣는다. 하지만 스스로를 가스라이팅하는 경우도 굉장히 흔하다.

나르시시스트는 딸의 현실 인식이 부정확하다고 설득한다. 이는 위험한 상황을 초래할 수 있는데, 딸 역시 자신의 직관을 무시하는 태도를 학습하기 때문이다. 나르시시스트 엄마를 둔 딸은 성인이 되어 남자 친구가 사랑스러운 말투로 머리를 기르면 좋겠다고 가스라이팅할 때 어떤 반응을 보일까? 머릿속에서 경종이 울려도 남자 친구가 아니라 자신에게 문제가 있다고 확신한다. 그녀는 자신의 직관을 무시하고 내가 부족해서 그런 것이라며 스스로를 탓한다.

: 폐허가 된 마음은
복구할 수 있다

이 장을 읽은 후 여러분이 자기 확신을 포함해 자기 사랑과 자기 존중(혹은 그 이상)의 중요성을 느꼈길 바란다. 여러분은 처음부터 길을 가로막는 수많은 장애물이 놓여 있었음에도 어떻게 해서든 더 나은 자신이 되려고 노력했다. 나는 여러분이 나르시시스트 엄마의 은밀한 학대 속에서 살아남았다는 사실을 깨달았으면 좋겠다.

여러분은 관계가 실패하면 그 원인을 스스로에게서 찾았을 것이다. 심지어 과거로 돌아가 자신이 다르게 행동하길 바랐을지도 모른다. 실패가 전부 자기 잘못이라고 믿었기 때문이다. 나는 여러분이 비난과 책임의 화살을 자신에게 돌린 이유와 그렇게 된 것은 절대 여러분의 잘못이 아니라는 사실을 깊이 이해하길 바란다. 이제 자기 돌봄의 중요성을 완벽하게 알았으니 여러분의 능력을 최대한 발휘하면 된다.

다음 장으로 넘어가기 전 다음 내용을 명심하자.

- 여러분은 사랑을 받을 가치와 자격이 충분하며, 손상된 자존감은 다시 복구할 수 있다.

- 과거의 인간관계가 건강하지 않았던 이유는 여러분에게 적절한 모범 사례가 없었기 때문이다. 또한 건강한 상호 관계의 형태와 느낌에 대한 이해도 없었다. 여러분은 모욕을 당하는 일이 괜찮지 않다는 사실을 몰랐다. 또한 파트너가 여러분을 가스라이팅하고 있다는 사실을 깨닫지 못했을 수 있다.

- 여러분은 불신, 우울, 불안뿐 아니라 자해의 욕구 모두 학대의 결과라는 사실을 알 수 있다.

- 여러분은 어릴 때 마땅히 받아야 할 보살핌을 받지 못했다. 그 사실이 항상 불공평하게 느껴질 것이다. 하지만 성인으로서 여러분은 스스로를 치유할 수 있다. 여러분이 필요한 만큼 스스로를 보살피고 사랑하는 법을 배울 수 있다.

통제된 감정을 알면
출구가 보인다

당신의
진짜 감정을
알아야 한다

이제 여러분은 자기애성 성격장애가 무엇인지, 어떻게 발달하는지 알고 있다. 그리고 이 장애가 나르시시스트 엄마를 둔 딸에게 미치는 구체적인 영향도 충분히 이해하고 있다. 그래서 이제부터는 회복을 향한 접근법들을 살펴보려 한다. 나르시시스트가 초래한 심각한 상처를 치료할 방법은 많다. 여러분은 자신의 감정을 정확하게 파악할 수 없었고, 현실 인식 능력이 부정확하다는 말을 평생 들어왔다. 그래서 지금부터는 어떻게 자기 경험을 인식해야 하는지 살펴볼 것이다. 여러분은 감정과 신체가 학대에 보이는 반응을 감지하고 신뢰하는 법을 터득할 것이다. 또한 엄마와의 관계를 제어할 수 있는 도구를 얻어 여러분이 대우받는 방식을 적절히 통제할 수 있다.

　궁극적인 목표는 엄마를 비롯한 타인으로부터 존중을 받을 수 있을 만큼 자존감을 높이는 것이다. 때로는 여러분이 할 수 있는 최선이 엄마와의 관계에서 완전히 물러나는 것일 수 있다. 우리는 죄책감의 소용돌이를 일으키지 않는 방향으로 엄마와의 관계를 끊어 낼 방법을 자세히 탐구할 것이다.

　노력과 자기성찰을 통해 여러분은 자존감을 강화하고 직관을 신뢰하는 법을 연습할 것이다. 또한 '나는 소중하며 내 생각과 의견 역시 중요하다'라는 사실을 믿을 수 있다. 그리고 인생에서 유해한 관계들을 알아차릴 것이다. 여러분이 강해지면 해로운 관계를 견딜 수 없게 된다. 그 이유는 자신이 더 나은 대우를 받을 자격이 있음을 깨닫기 때문이다. 여러분은 스스로를 사랑하고 돌보고 인정하는 법을 배울 수 있다.

변화를 이끄는
감정 처리의 힘

　여러분은 감정 처리의 중요성에 대해 들어봤을 것이다. 이

것이 실제로 어떤 의미인지 살펴보자. 감정을 처리하기 위해서는 가장 먼저 자신이 현재 어떤 감정을 느끼는지 알아야 한다. 이는 다른 사람의 감정과 필요를 최우선으로 생각하며 살아온 사람들에게 굉장히 어려운 과제다. 여러분은 엄마가 울거나 분통을 터트리거나 차갑게 반응하거나 심지어 다정하게 행동하는 모습을 본 적이 있을 것이다. 하지만 엄마의 행동에 나타나는 일관된 패턴은 알아차리지 못했다. 아이들은 대개 양육자의 방식을 따라 감정을 이해하기 때문에 본인의 감정을 가끔은 매우 혼란스럽게 느낀다.

자신의 감정을 처리하기에 앞서 어떤 감정인지 식별할 수 있어야 한다. 감정 처리는 인생을 살아가는 데 매우 중요하다. 내가 어떤 일을 겪어왔으며 내 경험으로 어떤 느낌을 받았는지 이해하고 밝혀내기 위해 노력해야 한다. 그렇지 않으면 정확한 감정을 알 수 없으며 타인과도 연결될 수 없다. 여러분이 어려운 상황에 처하면 싸우거나 도망치거나 얼어붙거나 상대에게 아양을 떠는 자신을 발견할 것이다. 이러한 충동은 여러분을 생기 있는 삶이 아닌 생존하기 위한 삶의 패턴에 갇히게 할 수도 있다. 그렇다고 해서 여러분이 영원히 충동을 따라 살 운명은 아니다. 여러분은 변화할 수 있고 더 좋은, 더 충만한 삶을 살 수 있다.

자신의 감정을 파악하고 이해하려는 길은 충분한 가치가 있다. 그 길은 진짜 나는 누구이며 내게 무엇이 중요한지 발견하도록 이끌어 준다. 또한 지금 가슴 속에 어떤 감정이 느껴지는 이유와 그 느낌을 신뢰하게 될 것이다. 여러분의 직관, 즉 직감에 따른 반응을 알아차리고 그 감각을 신뢰하는 법도 배울 수 있다. 직관은 여러분의 수호천사가 되어 줄 수 있다. 직관은 시간과 에너지를 들일 가치가 없는 사람들로부터 여러분을 보호해 준다. 또한 시간과 에너지를 들일 가치가 있는 사람들에게로 우리를 이끈다. 감정은 우리가 원하는 것과 원치 않는 것을 파악하도록 도와준다. 감정과 욕망에 귀 기울이는 일은 정체성을 형성하는 데 도움이 된다. 감정은 현재 우리가 처한 상황을 이해할 수 있게 도와준다. 또한 어떻게 해야 건강한 방식으로 관계와 갈등을 헤쳐 나갈 수 있는지 도와준다.

과거에서 벗어나
현재에
머무는 법

감정 처리의 첫 번째 단계는 감정이 무엇인지 아는 것이다. 감정 에너지의 많은 부분을 다른 사람에게 허비하면 어떻게 될까? 자기감정을 확실하게 느끼고 이해하려는 노력을 포기하게 된다. 이름 붙일 수 없는 감정이 올라오면 그것을 처리하는 작업을 진전시킬 수 없는 셈이다. 그런 일이 일어날 때 여러분은 자기감정을 이해하지 못하거나 참지 못한다. 결과적으로 해당 감정을 없애기 위해 온 힘을 쏟을 것이다. 이런 식으로 중독이나 건강하지 않은 행동 양식이 발현된다. 우리는 그 감정이 견딜 수 없을 만큼 불편할 때에 물질 남용이나 섭식 장애 혹은 도박, 소비 등 물질과 관련 없는 행동과 관련되는 과정적 중독의 모습을 보일 수도 있다.

분노는 많은 사람이 인식할 수 있는 감정이다. 하지만 여러분이 모를 수 있는 부분은 많은 심리치료사들이 분노를 2차 정서로 본다는 사실이다. 분노가 놀람, 기쁨 등 원초적이고 근본적인 감정 정서인 1차 정서가 아니라 2차 정서인 이유는 무엇일까? 분노가 다른 정서에 뿌리를 두기 때문이다. 분노는 취약하다는 느낌에서 우리를 보호한다. 그리고 실제 우리에게 무슨 일이 일어나고 있는지 인식하지 못하도록 주의를 분산시킬 수 있다. 분노는 거부, 당황, 상처, 좌절, 억울함 등 수많은 감정을 숨기고 있을지도 모른다.

일곱 가지 기본 정서가 있는데, 바로 기쁨, 놀라움, 슬픔, 혐오, 분노, 두려움, 행복이다. 두려움을 이 범주에 포함한 이유는 두려움은 인식하기도 이입하기도 매우 쉽기 때문이다. 하지만 분노와 마찬가지로 두려움도 더 취약한 정서를 숨길 때가 많다. 여러분은 자신의 감정이 무엇인지 그리고 감정이 몸에서 어떤 식으로 느껴지는지 알아야 한다. 스스로의 감정에 진심으로 귀 기울여 보자. 그리고 무엇이 그 감정을 유발했는지 곰곰이 생각해 보자.

감정을 알아차리게 하는
마음챙김

이 책에서 '감정'이라는 단어와 '느낌'이라는 단어를 모두 사용했다는 사실에 주목하자. 우리는 당연히 몸에서 감정을 느낀다. 이때 감정을 인식하고 이해하고 처리하는 중요한 도구가 '마음챙김(Mindfulness, 불교 수행에서 기원한 심리학적 개념으로 현재 순간을 있는 그대로 수용하는 태도로 자각하는 것)'이다. 마음챙김은 유행하는 이유가 합당한 개념이다. 마음챙김을 실천하면 이 순간 여러분의 마음 안팎에서 일어나는 일을 알아차리는데 도움이 된다.

주변 세상에 대한 익숙한 사고방식을 바꾸려면 많은 연습이 필요하다. 마음챙김 상태를 유지하려면 상당한 수준의 집중력이 필요하다. 또한 자신을 비난하지 않고 포용하는 자기 자비가 요구된다. 왜냐하면 여러분의 마음은 이 순간 나의 행동이나 경험이 아닌 다른 것을 향해 표류하는 경우가 많기 때문이다. 마음이 이리저리 떠돌아다닐 때 현재로 주의를 되돌려 와야 한다. 마음챙김이란 지금 이 순간에 일어나는 일에만 주의를 기울이는 것이다. 이렇게 주의를 기울이면 다른 사람과의 상호작용에서 스스로가 보인 반응을 이해하는 데 도움을 받을 수 있다. 시간이나 장소에 상관없이 혼자 힘으로 마음챙김을 시작하는 일은 크게 어렵지 않다. 마음챙김은 판단 없는 알아차림이다.

마음챙김을 하는 방법은 어렵지 않다. 먼저 여러분이 머무는 방 벽에 있는 페인트 자국을 자세히 살펴본다. 산책할 때는 꽃의 아름다움에 주목해 보자. 밖에서 들리는 새소리에 귀를 기울이고 요리하는 음식의 냄새를 알아차리자. 반려동물과 껴안을 때 털의 촉감을 느껴 보자. 이 모든 일상적인 활동들이 마음챙김을 연습하기에 완벽하다. 현재 살아 있는 모든 순간을 깊이 알아차려 보자. 마음챙김은 특히 나르시시스트 엄마를 둔 딸들에게 아주 유용하다. 딸들은 과거에 갇혀 있는 경우가 태반이기 때문이다. 또한 일어났을 수도 있는 일에 대해서 후회하고 있을지도 모른다. 하지만 마음챙김은 여러분이 현재로 돌아오는 데 도움을 준다.

수용, 자유로워지는 첫걸음

여러분은 지금까지 두 가지 다른 현실에서 살아왔다고 생각할지도 모르겠다. 한쪽 렌즈를 통해서 본 현실에서는 엄마가 단정하게 옷도 입혀 주고 학교생활이나 다른 활동에서 여러분을 밀어주는 등 행복한 유년기를 보냈다. 다른 쪽 렌즈를 통해 본 여러분은 엄마의 기대에 부응하고자 압박을 받았다. 엄마에게 예쁘게 보이고 과제를 제대로 수행해야 한다는 엄청난 부담감 속에서 자랐음을 인식하게 된다. 여러분이 어른이 되어서도 어릴 때 무엇을 느꼈는지 알기 어려울 수 있다. 두 렌즈 중 어느 쪽이 진짜 현실을 비추는지 파악하기 힘들 수도 있다. 그러나 이 문제를 해결하는 것이 가장 중요한 단계이다. 이상하거나 불필요하게 느껴질 수 있지만, 스스로를 위해 할 수 있는 가장 속 시원한 일이다.

인간의 마음은 균형 잡힌 상태와 더불어 주변 세계를 논리적으로 이해하길 원한다. 우리는 정의와 공정을 기대하며 어떤 격차도 수용하기 매우 어려운 시기를 보내고 있다. 하지만 진실은 많은 일이 공정하지 않다는 데 있다. 나르시시스트 엄마와의 관계에서 치유를 경험하려면 관계의 진실을 받아들이기 전까지 부당하다고 느낄 수밖에 없다.

나는 내담자들이 엄마가 자신이 가한 고통을 이해하고 부적절한 양육자가 된 것에 책임을 지기를 바라는 모습을 본다. 엄마가 딸의 삶을 무너뜨린 잘못을 사과하길 바라는 것이다. 하지만 그런 일은 일어날 가능성이 거의 없다. 일어난다 해도 진심이 아닐 가능성이 크다. 여러분은 엄마의 행동에서 어떠한 꾸준한 변화도 감지하지 못할 것이다. 이는 치유를 향한 과정에서 가장 슬프고 힘든 부분일 수 있다. 하지만 여러분이 상황을 있는 그대로 수용하면 진정으로 자유로워지리라고 약속할 수 있다.

수용을 향한
여정의
시작

샌드라는 엄마와의 관계를 어떻게 이어 나가야 할지 도움을 받고자 치료실을 찾았다. 그녀의 엄마는 샌드라의 삶에 깊숙이 개입되어 있었다. 최근 샌드라가 쌍둥이를 출산한 상태라 엄마는 한동안 딸과 함께 살게 되었다. 샌드라는 아기들 문제로 엄마의 도움이 절실히 필요했다. 그러나 동시에 자신이 가능한 엄마와 멀리 떨어져 있길 원한다는 사실을 깨달았다. 상담실에 온 샌드라가 말했다.

"점점 미쳐가는 것 같아요."

나르시시즘 학대에서 살아남은 내담자들은 모두 미칠 것 같다고 이야기한다. 여기서 학대자가 누구인지는 중요치 않다.

부모가 되어
진실을 깨닫다

쌍둥이 딸을 낳기 전까지 샌드라는 엄마의 행동이 비정상인 데다 학대에 해당한다는 사실을 전혀 몰랐다. 샌드라는 쌍둥이 딸들에게 이전에 결코 경험하지 못한 사랑을 느꼈다. 그리고 자신을 낳았을 때 엄마도 비슷한 경험을 했으리라고 생각했다. 그때 가슴속에서 올라온 어떤 느낌이 이는 사실과 다르다고 말해 주었다.

상담을 진행하면서 샌드라는 엄마가 손녀들에게 보이는 관심의 이면을 깨닫게 되었다. 샌드라의 엄마는 딸이나 손녀들과 즐거운 시간을 보내고 싶어 하는 것이 아니었다. 샌드라는 엄마가 취하고자 하는 것은 어떤 이미지에 가깝다는 사실을 깨달았다. 엄마가 손녀들에게서 받은 관심은 엄마의 자아를 키웠으나 샌드라의 진을 빠지게 했다. 이 역동이 엄마의 트로피 아이였던 시절로 샌드라를 데려간 것이다.

샌드라는 엄마의 행동을 이해하고 엄마의 자기애적 특성을 식별하기 시작했다. 그러자 회복도 시작되었고 자신의 가치를 깨달을 수 있었다. 상담실에서 샌드라와 나는 상당히 많은 시간을 보냈다. 샌드라가 일곱 가지 각기 다른 감정을 이해하는 방식을 점검하기 위해서였다. 그때부터 샌드라는 자신의 반응을 신뢰하기 시작했다. 마음챙김을 연습했고 요가 수련 시간을 늘렸다. 샌드라는 자신이 신체 어느 부분에서 긴장감을 느끼는지 집중하기 시작했다.

진실을
받아들이는 용기

샌드라에게 가장 어려운 부분은 건강한 유년기를 보냈다고 스스로에게 거짓말했다는 사실을 받아들이는 일이었다. 사실 그녀는 정서적 학대를 받았고 방치되어 있었다. 엄마가 자기애적 공급원을 채우기 위해 개인 활동에 집중했기 때문이다. 이러한 진실을 알게 된 샌드라는 마음이 찢어졌다. 그동안 엄마의 관심과 애정을 갈망했는데 왜 그것을 받지 못했는지 알게 되었다. 샌드라는 아이라면 마땅히 받아야 할 것을 자신은 받지 못했음을 수용하기 시작했다. 그리고 그 이유가 자신이 충분하지 않았기 때문이 아니라는 사실을 인지하게 되었다. 샌드라는 처음부터 존재하지 않았던 상실로 슬퍼했으나 결국에는 현실을 받아들였다. 이제 샌드라는 자신에게 내면 아이와 쌍둥이 딸들을 사랑하고 양육할 수 있는 능력이 있음을 알고 있다.

집이
안전하지 않다고
느껴질 때

　당신의 엄마가 나르시시스트였다면 가장 의지해야 했던 사람으로부터 실제로는 당신은 보호받지 못했을 것이다. 엄마에게는 당신이 사랑을 받으며 소중한 존재라는 사실을 알려 줄 힘이 없었다. 당신은 엄마에게 안정적으로 애착을 형성할 수 없었다. 성장할수록 상황은 악화됐다. 여러 측면에서 당신은 철저히 혼자였다. 여러분은 매일 엄마가 어떤 종류의 인정을 원하는지 알아내야 했다. 동맹은 없었다. 아마 집에는 시치미를 뚝 떼고 학대의 대상이 되지 않으려 했던 또 다른 양육자가 있었을 것이다. 형제자매가 있었다면 그들 역시 엄마의 변화무쌍한 기대에 부응하려 애를 썼을 것이다.

홀로 살아남아야 했던
유년

누구에게도 의지할 수 없는 환경에서 자라는 것은 혼란스러운 일이며 각자도생의 가족 문화를 부추긴다. 이런 환경에서 자란 아이는 누구도 안심할 수 없다. 하루하루가 불안으로 가득하다. 나르시시스트 엄마 밑에서 자라는 동안 당신에게는 안정적인 생활 양식이 부족했다. 무질서한 환경에서 당신은 끊임없이 정서적 생존 모드로 지냈다. 경계심을 낮추거나 재미있게 놀 여유조차 없었다. 성장하면서 집 밖의 사람들과 관계를 맺기 시작했을 때 당신은 본질적으로 누구를 신뢰해야 하는지 알 수 없었다.

성인이 되어 맺은 관계는 과거에 큰 영향을 받는다. 우리는 익숙한 것에 끌리기 마련이다. 앞서 언급했지만, 불행하게도 나르시시스트가 익숙하다면 나르시시스트 혹은 다른 정서적 학대자들에게 끌릴 수 있다. 나르시시스트 엄마를 둔 많은 딸들이 결국 착취적인 연애 관계에 놓이고 만다.

게다가 여러분은 돌아갈 수 있는 안전한 집이 없다는 사실을 알고 있다. 그런 집이 존재한 적이 없기 때문이다. 원가족이 아직도 원래의 목적에서 벗어난 역기능적인 환경에 둘러싸여 있다면 여러분이 의지할 가족은 아무도 없을 것이다. 여러분에게는 나를 지지해 주는 시스템도 없을 수 있다. 타인을 너무 신중히 대해 강력한 지지 관계를 구축하지 못했기 때문이다. 상황이 믿을 수 없을 만큼 절망적으로 보일 수 있다. 또한 돌아갈 집이 없다는 사실이 학대라는 악순환에 사람을 계속 갇혀 있게 둘 수도 있다. 이 악순환을 끝내려면 회복에 전념해야 한다. 인내심을 가지고 스스로에게 친절해지자. 여러분은 할 수 있다!

취약성과 수치심
분석하기

어떤 형태의 수치심은 가치 있는 목표를 이루는 데 도움이 되기도 한다. 수치심은 우리에게 받아들여질 수 있는 것과 아닌 것을 가르쳐줄 수 있다.

하지만 나르시시스트가 불러일으킨 수치심은 여러분의 자기혐오를 키울 뿐이다. 밖에서 엄마가 여러분에게 머리 모양이 달랐다면 훨씬 더 귀여웠을 것이라고 말한다. 그렇다면 여러분은 무엇에 집중하게 될까? 다른 사람들은 어떻게 머리를 만졌는지 의식할 것이고, 자신의 머리 모양을 혹독하게 비난할 것이다. 수치심의 목소리가 엄마를 지나 여러분 자신의 목소리로 바뀐다. 당신은 모든 상호 작용에서 취약성을 느끼게 된다. 게다가 나쁜 일들은 모두 내 잘못이라고 자동적으로 생각하기 때문에 과도하게 사과를 할지도 모른다.

수치심은 이제 여러분 내면의 목소리가 되었고, 이 목소리는 여러분에게 친절한 말을 하지 않는다. 이 목소리를 통해 여러분은 스스로 가치 있는 존재가 아니라고 확신한다. 결국 자기 가치를 증명하려 애쓰는 데 시간을 쏟게 된다. 높은 수준의 교육을 받고 명망 있는 직업을 가졌을지라도 왠지 모르게 여러분은 여전히 성취감을 느끼지 못한다. 내 감정을 탐색하는 일은 약해 빠진 행동이라고 생각해 왔을 것이다. 그리고 자신이 중요한 사람이라는 사실을 보여 주기 위해 지나치게 활동적으로 지냈을 수도 있다.

나르시시스트 엄마를 둔 딸들은 모든 문제를 파악한 듯 보이지만, 실제로는 세상에서 숨기고픈 커다란 공허함이 있다. 공허함은 결코 저절로 사라지지 않는다. 여러분이 바라는 모든 목표를 성취했을 때조차 여전히 공허하다고 느낄 수 있다. 아주 해롭고 파괴적인 방식으로 불만이라는 감정 자체에

●

돌아갈 안전한 집이 없다는 사실이
학대라는 악순환에 사람을 계속 갇혀 있게 둘 수도 있다.
이 악순환을 끝내려면 회복의 여정에 전념해야 한다.

죄책감을 느낄지도 모른다. 언제나 원했던 모든 것을 얻었지만 여전히 불행하다고 느낀다. 나와 상담한 거의 모든 나르시시즘 학대 생존자들이 이런 감정을 느낀다. 여러분의 감정은 정당하다. 여러분은 감정을 처리하고 현재 여러분을 있게 한 과정을 이해함으로써 죄책감과 수치심이라는 악순환에서 벗어날 수 있다.

독이 되는 엄마

모녀 관계는 숭배의 대상이다. 딸이 엄마와 떨어져야 할 이유가 있을 수 있다는 생각을 떠올리기가 어려울 수 있다. 엄마가 독이 되는 존재일 수 있는지를 직접 겪은 사람들조차 모성애 신화를 믿을지도 모른다. 우리 주변에는 어떤 일이 있어도 부모님을 공경하고 존경해야 한다는 메시지가 너무 많기 때문이다.

여러분은 원치 않는 어버이의 날 카드를 사러 갈 힘을 끌어모을 수 없어 죄책감을 느낄 수 있다(무언가 걸리는 점이 있다고 몸이 말하는 것이다). 자신이 얼마나 수치심에 통제를 받는지 깨달아야 한다. 그래야 여러분이 경계를 설정하고 불합리한 기대의 희생양으로 전락하는 상황을 피할 수 있다. 철저하게 경계를 설정하는 일은 자기 자신을 보호하는 하나의 방법이다. 철저한 경계 설정은 관계에서의 건강하지 않은 패턴을 막아 준다.

나만의 경계를 설정하고 이를 강화하기 시작하면 죄책감을 느끼게 된다는 점을 기억하자. 주변 사람들, 특히 엄마가 여러분의 경계에 반발할 것이다. 그리고 수치심과 죄책감을 이용해 여러분을 휘두르며 원래 상태로 되돌리려 할 것이다. 여기에 속으면 안 된다. 오히려 이런 상호 작용을 정상적인 회복 과정으로 향하는 데 사용할 수 있다.

여러분의 결단은 의미 있는 결과를 가져올 것이다. 죄책감을 버리고 경계를 유지하는 일은 매우 중요하다. 여러분의 삶을 바꾸고 내가 누구인지, 내게 가장 중요한 것은 무엇인지 찾는 데 도와주기 때문이다. 이는 여러분의 정체성을 재건하는 과정이다. 여러분은 스스로 옳다고 생각하는 가치를 지지하고 타인에게 친절과 배려, 존중을 기대해도 괜찮다는 사실을 배우게 된다. 엄마의 학대 행동을 참아서는 안 된다. 무엇보다 여러분이 경계를 설정하고 그 선을 유지하는 법을 익히는 것이 옳다고 느껴지지 않는 일은 거절해도 괜찮다는 점을 입증해 줄 것이다.

이 단계에 도달하면 내담자들은 옳다고 생각되는 일에 집중하는 행동이 자기애적 특성을 나타내는 것 같다고 말하고는 한다. 어떤 내담자들은 필요 이상으로 많은 경계를 설정한 후 적절한 선을 찾아 나가기도 한다. 경계를 만들어가는 과정에서 스스로가 나르시시스트 같다고 느껴질 수 있다. 하지만 이는 여러분의 자연스러운 발달 과정의 일부여야 했다는 사실을 기억해야 한다. 아동기 때부터 경계 설정이 허용됐어야 했는데, 그 경험을 빼앗긴 것이다. 이제 그때로 돌아가 내면 아이를 양육하고 그 아이에게 가장 좋은 것이 무엇인지 알아내자. 그 과정에서 조금은 자기중심적으로 행동할 권리를 허용할 때다.

변화는 상상 이상으로 어렵고 큰 노력이 필요하다. 하지만 여러분이 하나씩 해나간다면 스스로가 보살핌을 받을 가치가 있음을 알 수 있다. 또한 다른 사람들에게 존중을 받을 가치가 있는 존재임을 알게 될 것이다.

죄책감 없애기

모든 죄책감이 나쁜 것은 아니다. 우리가 스스로의 기준에 어긋난 일을 했을 때 느끼는 죄책감은 그 행동을 바로잡을 동기가 될 수 있다. 이 경우 죄책감은 우리가 앞으로 나아갈 수 있게 도와준다.

반면에 비합리적 죄책감은 우리가 관여하지 않은 일에 책임지려고 할 때 발생한다. 존재만으로 뭔가 잘못된 것처럼 느낀다. 우리가 죄책감의 먹이가 되는 이 비합리적 사고를 바로잡기 전까지 비합리적 죄책감은 절대 멈추지 않을 것이다. 이때 변증법적 행동치료(경계성 성격장애를 치료하려 리네한이 개발한 치료 프로그램)는 감정, 특히 죄책감을 다루기에 훌륭한 도구다. 마샤 M. 리네한Marsha M. Linehan 교수의 저서 《DBT 다이어렉티컬 행동치료 워크북》에서는 다음 몇 가지 전략을 설명하고 있다.

① 죄책감을 없애는 전략을 알아보기 위해 우선 현재 상황

을 점검해 보자. 여러분은 죄책감을 느끼고 있다. 그런데 왜 이 감정을 느끼는가? 죄책감의 근거가 되는 사실은 무엇인가? 여러분의 죄책감과 근거가 되는 사실이 일치하는가? 그렇지 않다면 지금이야말로 이 둘을 끊어낼 지점을 찾고 여러분의 생각을 고치기 좋은 시점이다.

② 죄책감을 없애는 다른 접근법은 여러분이 느끼는 감정과 반대로 행동하는 것이다. 여러분이 죄책감을 느끼는 이유를 알 수 없다면 스스로 내린 결정이나 행동에 억지로라도 자신감을 가져 보자. 이를 습관으로 익히면 감정과 행동이 일치하게 될 것이다. 결국 여러분이 보인 죄책감에 책임질 필요가 없게 되는 셈이다.

③ 진짜 문제가 있다면 해결하자. 정말로 책임이 있다고 느끼는 어떤 일이 일어났다면 잘못을 인정한 뒤 사과하고 바로잡으면 된다. 죄책감이 정당한 것이라면 책임을 지면 된다. 이것은 죄책감이 오래 남아 있지 않도록 하는 가장 확실한 방법이다.

: 당신은 생각보다 강하다

나르시시스트 엄마를 두었다는 이유 하나만으로도 여러분은 정서적 학대와 방임에서 살아남은 생존자라고 할 수 있다. 수년에 걸친 고통을 치유하려면 시간과 노력이 필요하다. 그래도 희망은 있다. 회복이라는 목표에서 절대 눈을 떼지 말자.

이 장에서 여러분은 다음과 같은 사실을 배웠다.

- 감정은 강력한 힘을 지니며 여러분을 통제하고 휘두르기 위해 사용되었다.
- 감정이 여러분을 정의하지 않는다. 감정은 파도처럼 왔다 사라진다. 여러분은 감정에 삼켜지는 대신 감정을 타는 법을 배울 수 있다.
- 여러분이 느끼는 불안전함과 무가치함은 진짜가 아니다. 여러분을 동조하게 만들기 위해 엄마가 여러분에 관한 이야기를 꾸며 낸 것이다.

- 여러분은 스스로 안전감을 형성할 수 있으며 진정한 자신을 사랑하는 법을 배울 수 있다.
- 수치심은 외부에서 비롯되며, 여러분은 이를 거부하는 선택을 내릴 수 있다. 부적절한 수치심이 더는 여러분의 현실에서 한 부분을 차지할 필요가 없다.
- 결국 여러분은 인지했던 것보다 미래에 대해 훨씬 더 강한 통제력을 갖고 있다.

관계의 주도권을
빼앗기지 않는 법

Recovering from Narcissistic Mothers

주도권을
내 손에
쥐는 법

4장에서는 엄마와의 관계를 어떻게 다뤄야 하는지 탐구하려 한다. 관계의 조건을 정하는 사람은 여러분이다. 지금까지 여러분이 엄마와 맺어 온 관계는 불안하고 일방적이었을 것이다. 여러분은 마음의 평화를 위해 경계를 설정하고 그것을 유지하는 일의 중요성에 대해 자세히 배울 수 있다.

이제는 엄마의 행동을 학대로 인식하고 있는데도 엄마가 그리울 때는 어떻게 대처하는지 살펴보자. 그리움과 같은 감정을 느끼는 이유를 어떻게 밝혀야 하는지에 대한 전략도 배울 것이다. 우리는 여러분의 트리거(Trigger, 트라우마 경험을 다시 느끼도록 만드는 자극)와 그것이 어디에서 기인하고 어떻게 회복을 방해하는지도 알아본다. 그리고 다른 인간관계에는 어떤 영향을 미치는지까지도 살펴볼 것이다. 엄마와의 관계에서 여러분을 완전히 혹은 일시적으로 지우는 방안에 대해 논의할 것이다. 어느 쪽이든 여러분에게 잘된 일이다. 이제 주도권은 여러분의 손에 있다.

트리거를
알아채는 법

여러분은 감정을 식별하는 법을 배우면서 특정 방식으로 감정을 느끼는 과정과 그 이유 또한 이해할 수 있게 되었다. 다음 단계는 여러분이 처한 환경에서 부정적인 감정을 유발할 수 있는 변수(트리거)를 인지하는 것이다. 우리가 어떤 감정을 느끼는 바로 그 순간에는 왜 그 감정을 느끼는지 정확하게 알지 못할 수 있다. 하지만 감정에는 거의 언제나 근본 원인이 있다.

여러분은 어릴 때 살던 집 근처를 지나가는 것처럼 명백한 경험에 자극을 받을 수 있다. 또는 여러분에게 끔찍했던 경험을 상기시키는 광고 속 인물인 듯 미묘한 요인이 영향을 끼칠 수 있다. 첫 번째 예시에서 여러분은 어릴 때 살던 집을 비켜감으로써 트리거를 피할 수 있다. 하지만 피할 수 없는 트리거에 관해서는 해결책을 찾기 위해 더 깊이 파고들어야 한다. 다음은 지금까지 배운 기술들과 통합해서 쓸 수 있는 몇 가지 실천 방법이다.

트리거 식별하기

'감정 트리거'는 시간을 거슬러 올라가 처음 부정적인 사건이 일어났을 때 우리가 느꼈던 것과 똑같은 감정적 반응을 만들어 내는 경험이다. 우리는 처음 반응했을 때와 같이 강렬한 분노와 공포 반응을 보일 수 있다.

이 같은 감정적 반응은 예상 가능하다. 예를 들어 한 가족이 반려동물을 떠나보내는 영화를 볼 때 어떤 반응이 올라올까? 여러분이 작별한 반려동물을 생각함으로써 이전에 느꼈던 강렬한 슬픔이 다시 떠오를 수 있다. 또한 감정적 반응은 불시에 나타날 수 있다. 여러분은 운전 중 누군가 끼어들 때 자신이 왜 그렇게 버럭 화를 냈는지 당황할 수도 있다. 현재 사건과 그것이 떠오르게 하는 경험 사이에 직접적 상관관계가 있을 필요는 없으나 감정적 반응은 같을 수 있다. 누군가 여러분의 말을 끊으면 분노를 느낄 수도 있다. 하지만 깊이 들여다보면 그 감정은 여러분이 자라 온 종잡을 수 없고 안전하지 않은 환경에 있을 때 느꼈던 두려움일 수도 있다.

마음챙김은 감정적 반응을 인지하는 법을 배우는 데 꼭 필요하다. 여러분의 반응을 지켜보고 감정을 확인하는 시간을 가져 보자. 과거에 같은 느낌을 받았던 시기를 추적해 보면 트리거가 드러나기 시작할 것이다. 트리거를 이해하는 일은 커다란 도약이 되어 여러분의 감정과 그 감정을 느끼는 이유를 확인하는 데 도움을 줄 수 있다. 또한 여러분이 스스로의 감정 반응을 이해하고 인정하며 조절할 수 있게 한다.

기원 추척하기

감정의 기원을 추적하면서 내 감정들이 어디에서 비롯되었는지 조금 더 자세히 알아보자. 여러분은 자라면서 자기 기분을 이해해 보는 시간이 많지 않았을 것이다. 여러분은 엄마의 사랑을 유지할 수 있는 방법을 알아내기 위해 애썼다. 아마 엄마의 분노를 받아 내는 상대가 되지 않기 위한 전략을 짜고 있었을 것이다. 생존 모드에 있을 때는 정서적 성장이 일어날 여지가 없다. 여러분은 어떤 감정을 느꼈을 때 그 감정 자체가 틀렸다는 말을 들었을 것이다. 심지어 엄마는 여러분이 느꼈다고 말하는 감정을 사실은 느끼지 않았다고 말했을 수도 있다. 여러분에게는 자신의 감정을 충분히 이해할 수 있는 시간도, 여러분의 감정을 그대로 인정해 주는 타당화 경험도 없었다.

다행히도 우리가 느끼는 다양한 감정을 배우고 자극받았을 때 몸이 우리에게 전하는 느낌에 이름을 붙이려는 노력은 지금 시작해도 늦지 않다. 물론 고속도로에서 누군가 여러분을 가로막는다면 분노와 화려한 언어로 반응할 수 있다. 하지만 조금 깊이 파고들어 가 보자. 그 상황을 통제할 수 없다고 느끼는가? 상대 운전자의 행동이 전혀 예측할 수 없고 무섭게 느껴지는가? 그것이 어떤 느낌인지 생각해 보자. 시간을 들여 이전에 같은 느낌을 느꼈던 때와 연결 지을 수 있다면 자신의 반응을 훨씬 더 깊이 이해할 수 있을 것이다.

알아차리기

여러분은 뚜렷한 이유 없이 몸의 어딘가가 아프거나 목이나 등, 어깨, 가슴이 긴장하고 있음을 알아차릴 수 있다. 스스로 인지하는 것보다 훨씬 자주 감정적인 반응을 경험할 것이다. 아무런 원인이 없는 듯한 복통을 앓을 수도 있다. 출근하자마자 바로 시작되어 퇴근 무렵에야 끝나는 두통이 있다면 무슨 일이 일어나고 있는지 알아볼 필요가 있다. 여러분이 두통의 환경적 요인을 배제했다면 이제 여러분의 직업에 대해 어떻게 느끼는지 살펴보기 시작할 때다. 속이 불편하거나 목에 긴장이 느껴지는 등 다른 신체 반응을 일으키는 어떤 환경이나 관계에 대해서도 마찬가지다.

몸이 여러분에게 전하려는 느낌을 인식하고 트리거를 이해해야 한다. 그럼으로써 감정을 식별하고 주도권을 가지고 환경을 관리하는 데 도움을 받을 수 있다. 이 과정을 이해하면 내 반응이 상황에 적절한지 더 명료하게 판단할 수 있다. 경우에 따라서는 내 반응이 지금 상황에 어울리지 않으며, 이 반응이 과거 고통에 뿌리를 두고 있음을 알 수 있다.

다시 프로그래밍하기

이제 여러분은 감정과 감정을 다루는 법을 이해하기 시작했다. 고속도로에서 여러분을 가로막은 사람이 여러분을 화나게 하거나 겁주려고 했다기보다 직장에 늦었을 확률이 더 크다는 점을 스스로 생각할 수 있다. 여러분은 이제 다른 차에 타고 있는 낯선 사람이 왜 그렇게 무례했는지 이유를 곰곰이 생각하는 대신 스스로 느낀 두려움이 어디에서 왔는지 이해할 수 있다. 여러분이 두려움을 느꼈다고 해도 두려움이 그때 일어났던 일에 가장 적절한 반응일 필요는 없다는 점을 인정하게 된다. 여러분은 상황을 어느 정도 통제할 수 있고, 앞차와 공간을 더 벌리는 등과 같은 행동을 할 수 있다.

트리거와 감정을 이해함으로써 여러분은 이 둘에 대한 통제력을 얻을 수 있다. 더는 내가 과민반응을 했는지 혹은 서툴게 행동했는지 의문을 가질 필요가 없다. 이제 현재와 과거에 흩어진 감정들을 연결할 수 있기 때문이다. 내면 아이에게 너는 이제 안전하며 더 이상 방치되지 않는다고 말해 줄 수 있다. 두려울 때는 스스로를 위로하거나 부당한 대우를 받았을 때 화를 내도 괜찮다고 말해 줄 수 있다.

여러분은 감정이 여러분 자신이 아니라는 사실을 아는 탁월한 재능의 소유자다. 어릴 적 스스로도 잘 이해할 수 없었던 감정을 보이면 여러분은 인정을 받지 못했다. 아마 엄마는 여러분에게 이성적이지 않다거나 네가 이상한 것이라고 말했을 것이다. 그리고 이런 말들은 여러분 내면의 목소리로 자리 잡았다. 그러나 여러분은 이제 자신에게 친절하며 내가 누구인지 알고 있다. 그리고 특정 사건에 특정 방식으로 반응하는 이유를 이해할 수 있는 지식과 힘을 가지고 있다.

명확한
경계를
설정하라

이제 여러분은 스스로 무엇을 어떻게 느끼고 있는지 이전
보다 잘 이해할 수 있게 되었다. 이제부터는 엄마와의 관계
에서 공평한 위치를 유지하기 위한 도구들을 알아나갈 차례
다. 그 과정이 순탄하지는 않을 것이다. 엄마는 여러분이 자
신에게 한계를 지우는 일을 낯설어 할 것이기 때문이다. 엄
마는 통제권을 쥐고 있는 사람도 본인이고 가장 똑똑한 사람
도 본인이라는 생각에 익숙하다. 엄마에게 여러분은 결점을
가려 줄 희생양인 동시에 자아의 믿을 만한 공급원이었다.
여러분이 한계를 설정하면 엄마는 사용 가능한 모든 무기를
동원해 대응하려 들 것이다. 하지만 엄마와 관계를 이어 나

갈 계획이라면 경계 설정은 반드시 필요한 일이다. 이 과정은 회복을 향한 여정에서 가장 어려울 수 있다. 하지만 가장 큰 변화를 불러일으킬 것임을 기억해야 한다.

엄마와의 경계
설정하기

엄마와 여러분 사이의 경계를 설정하기 전에 내면에서 무엇을 보호하려 하는지 알아야 한다. 스스로의 가치를 이해하는 것이 첫 번째 단계다. 존중부터 시작해 보자. 존중이 내게 중요한 가치라면 나 자신과 엄마를 향한 존중을 유지할 수 있는 경계를 세우는 것이 중요하다. 여러분이 엄마에게 무례하게 행동하는 것은 엄마가 여러분에게 무례하게 행동할 구실을 주는 것이나 마찬가지기 때문이다.

경계를 만들어 나가면서 엄마에게 이 사실을 알려야 한다. 그렇게 하려면 여러분이 기대하는 바를 엄마가 알아야 한다. 엄마가 선을 넘었을 때는 이를 지적하고 다시 방향을 잡아 줘야 할 것이다. 만약 엄마가 여러분에게 살이 쪘으니 다이어트를 해야 한다고 말했고 엄마의 말이 무례하게 느껴진다면 그 순간에 여러분의 의견을 전달하는 것이 중요하다. "엄마, 걱정해 줘서 고마운데 이건 엄마와 이야기하고 싶지 않은 주제야"라고 말해 볼 수 있다. 엄마가 여러분의 신체에 관해 이야기하려 할 때마다 같은 말을 반복해야 한다. 자신감을 갖고 여러분의 입장을 고수할수록 엄마에게 솔직하게 말하는 일이 더 쉬워질 것이다.

물론 엄마는 호락호락하지 않을 수 있다. 옛날에는 자신이 몸무게 이야기를 꺼내도 아무 문제도 없었다고 따질 것이다. 정중한 말투로 외모에 관한 이야기는 언제나 여러분을 불편하게 했으며 이제는 그만하고 싶다고 이야기해도 괜찮다. 여러분이 설정한 경계에서 벗어난 주제는 더 이상 관여하지 말자. 그것이 여러분이 정한 허용치이고, 여러분은 그렇게 할 자격이 있다.

나르시시스트, 특히 나르시시스트 엄마와 경계를 설정하는 일은 처음에는 감정싸움으로 번지게 될 것이다. 엄마는 우리 모녀 사이는 가까우니 경계선은 필요치 않다고 여러분을 설득하려 할 것이다. 게다가 엄마로서 딸에 관한 모든 것을 알고 있어야 하며 딸에게 무엇이든지 말할 수 있어야 한

●

엄마와의 경계를 설정하기 전에 여러분의 내면에서
무엇을 보호하려 하는지 알아내야 한다.
여러분의 가치를 이해하는 것이 첫 번째 단계다.

다고 주장할 수도 있다. 여러분은 엄마와 경계를 두는 일이 필요한 이유를 해명하고 싶을 수 있다. 애초에 엄마가 내게 한 행동 때문에 경계가 필요하게 되었다고 소리 내어 말하고 싶은 강한 충동을 느낄 것이다.

우리 뇌는 항상 균형과 정의를 원한다. 우리가 내린 결정을 정당화하는 행동을 피하기란 어려운 일이다. 만약 누군가가 나와 경계를 설정하려 한다면 보통 그 이유를 알고 싶어 하기 때문이다.

하지만 엄마는 여러분처럼 생각하지 않는다는 사실을 기억하는 것이 중요하다. 여러분은 공감 능력이 있기에 내가 왜 이렇게 할 수밖에 없는지 엄마가 이해해 주길 바란다. 하지만 엄마는 공감 능력이 거의 없기에 자신의 통제력을 잃고 있다는 점만 보일 것이다. 또한 여러분은 엄마와 속 이야기를 공유하고 싶은 유혹에 휩싸일 수도 있다. 이때의 위험은 여러분이 엄마의 행동에 얼마나 상처를 받았는지 털어놓고 싶어질 수 있다는 것이다. 이 덫에 빠지면 안 된다. 엄마는 여러분의 취약성을 이용해 경계선은 필요 없다고 말할 수 있다. 절대 여러분을 다치게 할 생각은 없었다고 설득하려 할 것이다. 여러분이 굳건하게 서 있지 않으면 아무것도 변할 수 없다. 끈질기게 버티면 결실이 나타날 수 있다.

나의 관점을
유지하기

여러분은 평생 엄마와 특정한 방식으로 상호 작용을 해 왔다. 모녀 관계는 두 사람이 전 생애에 걸쳐 연습해 온 춤과 다름없다. 엄마는 권력과 통제력을 쥐고 있었고, 여러분은 엄마를 기쁘게 하기 위해 최선을 다했다. 나이와 관계없이 여러분이 부모님과 함께 있을 때는 어린아이의 모습으로 돌아가기가 매우 쉽다. 동시에 이 관계의 역동에 길을 잃고 자신의 목표에 집중하지 못하는 일은 흔히 벌어진다. 결과적으로 나는 성인이고 더 이상 엄마의 권위 아래 있지 않다는 사실을 스스로 끊임없이 되새겨야 한다. 내 생각과 가치가 중요하다고 되뇌이는 일이 도움이 될 수도 있다. 나는 더는 엄마가 지배하는 세상에서 살아남으려고 애쓰는 어린 소녀가 아니라는 점을 계속 상기하자. 대신 여러분은 이제 자신이 정한 규칙에 따라 움직일 수 있는 독립적인 성인이다.

여러분은 있는 그대로의 자신을 받아들일 수 있다. 처음에는 이 사실이 자연스럽게 와 닿지 않을 수도 있겠지만 괜찮다. 자신의 관점을 끝까지 유지하려 최선을 다해야 한다. 엄마가 옆에 있어도 여러분이 있는 그대로 존재할 수 있다면, 힘을 잃지 않을 수 있다. 그리고 지금까지 알고 있던 나 자신보다 더 강한 모습으로 성장할 수 있다.

지금까지 말한 내용들은 모두 엄청난 노력이 필요하다! 여러분은 엄마와 관계를 맺어 온 절차에서 벗어날 필요가 있다. 가늠하기 어렵겠지만 엄마와의 낡은 상호 작용 방식에서 벗어나려면 출구 전략을 세워야 한다. 출구 전략이 필요한 이유는 엄마 혹은 다른 양육자(그 사람이 인에이블러라면)가 여러분의 경계를 침범한 대가를 치르게 할 때 여러분이 동요하지 않아야 하기 때문이다. 여러분의 한계가 어디까지인지 설명해야 하듯 그 경계를 넘었을 때의 결과도 설명하고 그대로 따라야 할 것이다.

존중을 받지 못한다고 느끼거나 여러분이 설정한 경계가 무시되고 있다면 어떻게 대처해야 할까? 그런 상황에서는 엄마와의 대화나 상호 작용을 그만둘 것이라고 분명히 말해 두는 일이 중요하다. 설령 엄마와 같은 집에 살고 있다 하더라도 그 공간에서 벗어나야 한다. 상황을 벗어날 방법은 항상 있다. 전화를 끊거나 집을 나가거나, 휴대전화를 끈 채로 오랜 시간 걷거나 엄마와 대화를 거부하면 된다. 엄마에게서 물리적으로 떨어질 수 없다면 더는 엄마와 대화하지 않겠다고 말할 수도 있다.

다른 사람의 행동을 통제할 수는 없지만, 다른 사람에게서 어떤 행동을 수용할지는 통제할 수 있다. 엄마의 학대 행동을 받아 줄 의무는 없다.

나르시시스트와
대화하기 전
알아야 할 것

나르시시스트 엄마와 시간을 보내고 나면 기진맥진한 자신을 발견하게 된다. 겉보기에 엄마와의 상호 작용이 위협적이지 않았을 때조차 여러분은 뇌가 안개 속에 있는 느낌을 받는다. 여러분이 이런 기분을 느끼는 이유는 엄마가 정신과 감정을 자극하는 게임뿐 아니라 사람을 조종하려는 움직임 또한 결코 멈추지 않기 때문이다.

여러분은 경계가 얼마나 중요한지 알고 있다. 이제는 개방적 의사소통이 어떻게 여러분의 경계를 든든히 받쳐 주는지 살펴봐야 할 때다. 엄마와 새롭게 관계 맺는 방식을 만들어

가는 과정에서 여러분이 무엇을 하고 있으며 왜 하는지 엄마와 계속 소통하는 일이 중요하다. 여러분은 두 사람이 오랫동안 공유해 온 역동을 바꾸겠다는 목표가 있다. 엄마는 여러분의 결심이 매우 확고하다는 사실을 직시할 필요가 있다.

새로운 의사소통을 시작하는 법

스스로가 설정한 경계를 유지하는 과정 중인만큼 말하고자 하는 내용을 분명히 하는 것이 중요하다. 말이 꼬일 위험을 줄이기 위해서다. 어색하고 딱딱하게 느껴질지라도 간결하게 말하고 엄마가 한 말을 분명하게 구분하자. 이것은 여러분에게 힘을 실어 주는 방향으로 엄마와의 상호 작용을 바꿔 나가는 과정에서 꼭 필요한 일이다.

출구 전략을 시행해 여러분의 요지를 엄마에게 이해시키기에 앞서 여러분이 어떻게 여기까지 왔는지 명확히 알고 있어야 한다. 두 사람이 새로운 의사소통 방법을 배우는 동안 여러분의 정서적 기반이 불안정해질 수 있다. 따라서 여러분이 엄마에게 한 말과 엄마가 여러분에게 한 말을 정확히 구분하고 싶을 것이다. 앞선 예를 들어보자. 몸무게 이야기에 대한 경계를 설정한 후에도 엄마가 해당 주제를 꺼낼 수 있다. 그러면 여러분은 엄마가 나에게 다이어트를 제안했다고 확인시켜 주면 된다. 그런 다음 엄마의 말이 내 경계를 침범했다고 설명하고 출구 전략을 실행하자.

요청은
간결하게 말하라

여러분이 필요하거나 기대하는 바를 엄마가 오해하지 않도록 요청은 간결하게 말하자. 엄마에게 아이를 봐 달라고 부탁하는 경우라면 정확하게 필요한 것을 이야기한다. 요청에 대한 제한 사항이 있다면 제대로 전달했는지 확인해야 한다. 엄마가 너무 오래 머무르거나 여러분이 보기에 좋지 않은 활동을 아이들과 한다면 확실히 일러둬야 한다. 아이를 돌봐 줄 사람이 필요하다는 마음이 여러분의 경계를 흔들도록 두어서는 안 된다. 그 순간에는 그러한 마음이 절실하게 느껴질 수 있다. 그리고 엄마는 여러분의 마음을 자신에게 유리한 쪽으로 이용하려 할 수도 있다. 당신에게는 다른 방안도 있다는 사실을 기억하자. 우리는 압박감을 느낄 때 방심하기 쉽다. 이런 상황일수록 자신의 관점을 유지하는 일이 중요하다. 엄마가 여러분에게 무언가를 요청한다면 같은 규칙을 적용하면 된다. 엄마를 위해 무엇을 할 수 있고 없는지 확실히 정해야 한다.

침착함
유지하기

내가 제시한 모든 새로운 시도를 거듭할수록 여러분은 감정이 고조되는 시기를 겪게 될 것이다. 당연한 일이다. 나는 여러분이 감정을 이해하는 법을 배우는 중이길 바란다. 새로운 형태의 관계를 발전시키는 동안 정서 조절이 안 되는 모습을 엄마가 보지 못하게 해야 한다. 엄마와 대화가 끝난 후에는 울고 소리쳐도 괜찮다. 하지만 엄마가 그 모습을 본다면 여러분이 하는 말을 왜곡해 그 내용이 틀렸다고 주장할 것이다. 이는 곧장 엄마와 과거로 돌아가는 길이다.

침착한 태도를 방패로 생각하자. 침착한 태도는 여러분을 보호하고 엄마와의 상호 작용에서 여러분이 삐끗하지 않게 도와준다. 여러분이 흥분하거나 화를 내는 모습을 엄마가 본다면, 엄마가 여러분의 방패에 금이 가 있는 것을 발견하는 것과 같다. 나는 항상 여러분이 감정을 느끼고 표현하는 것을 지지한다. 하지만 이 상황은 예외다. 여러분이 드러내는 정서적 취약성은 엄마가 그토록 간절히 원하는 힘을 되찾아 줄 묘약이 될 것이다. 결론적으로 여러분이 안전하고 경계가 견고하다고 느껴질 때야 비로소 감정을 한층 더 자유롭게 표현할 수 있다.

엄마로부터
독립하고
싶다면

누군가에게는 나르시시스트 엄마와 관계를 회복하는 것이 불가능한 일이다. 관계 회복은 믿을 수 없을 만큼 고된 일이다. 엄마로부터 독립이라는 선택은 인생에서 가장 어려운 결정이 될 것이다. 안타깝게도 치유를 위해 나르시시스트 엄마를 둔 딸이 이러한 선택을 해야 할 순간이 온다.

관계 끊기란 생각에 따라 무서울 수도 있고 안도감을 줄 수도 있다. 어느 쪽이든 여러분이 자신의 선택을 신뢰하고 치유를 계속할 수 있다면 진지하게 고려할 가치가 있는 결정이다. 여러분이 자신 있게 이 결정을 내렸다면 죄책감이나 후회 없이 앞으로 나아갈 수 있다. 그리고 스스로를 존중할 줄

나르시시스트 관계 수업

아는 새로운 자신을 온전히 받아들일 수 있다. 여러분은 학대적인 관계에 갇혀 있지 않고 내가 누구인지 발견하는 데집중할 수 있다.

직접 소통하기보다
글로 표현해야 할 때

내 생각에 엄마로부터 독립하려는 여러분의 의도를 전달하기에 가장 좋은 방법은 글로 쓰는 것이다. 알다시피 엄마와 직접 소통하면 여러분이 휘둘리거나 혼란스러울 수 있다. 또는 계속 말이 빙글빙글 돌거나 모멸감을 느낄 수도 있다. 어쩌면 말이 꼬여 여러분의 생각과 바람이 제대로 전달되지 않을 수 있다. 결국 혼란스럽고 당혹스러운 마음에 대화 중 자리를 박차고 나갈지도 모른다.

나르시시스트는 거절당하거나 버려지는 것을 좋아하지 않는다. 그런 특권은 자신에게만 허용된다고 생각한다. 편지에 여러분은 엄마와의 관계에서 어떤 일이 일어나고 있다고 느끼는지 쓸 수 있다. 덧붙여 엄마와의 관계가 나에게 어떤 영향을 미쳤는지, 그리고 왜 이런 조치가 필요하다고 느끼는지 표현할 수 있다. 만약 편지를 엄마와의 소통을 끝내는 데 사용하고 싶다면 대화의 여지가 없는 언어를 사용하는 것이 중요하다.

- 앞으로는 엄마와 소통할 의사가 없음을 알려 줄 단정적인 표현을 사용하자.
- 엄마에게 여러분의 선택을 존중해 달라고 구체적으로 표현하자. 여러분에게 연락해서 이 편지나 여러분의 결정에 관해 이야기하지 말아 달라고 요청하자.
- 여러분이 왜 이렇게까지 하는지 맥락을 제시하자. 살면서 엄마에게 이미 수천 번 말로 표현했더라도 다시 한번 왜 이런 선택을 하는지 이야기하자.
- 마지막으로 영구적인 헤어짐인지 아니면 앞으로 관계가 이어질 가능성을 열어 두고 싶은지 이야기하자. 물론 여러분의 방식대로 전하면 된다.

엄마에게 직접 말하기를 선택할 수도 있는데, 이 방법은 조금 위험하다. 만약 이 방안을 선택한다면 여러분이 요점에서 벗어나지 않도록 도와주고 힘을 보탤 수 있는 사람을 데려가 기를 권한다. 엄마와 대화가 끝난 후에도 그 사람은 여러분 곁에 있을 것이며, 이 자체로 여러분에게 도움이 된다. 여러 분이 최선을 다했음을 상기시켜 줄 사람이 필요할 테니 말이 다. 예상할 수 있듯 나르시시스트 엄마와 얼굴을 맞대고 하 는 대화는 호락호락하지 않다.

- 엄마는 이 문제가 여러분의 공상일 뿐이며 여러분이 너 무 예민하다고 설득하려 할 것이다.
- 엄마는 여러분의 의도를 인정하지 않고 그 의미를 축소 시킬 것이다.
- 엄마는 피해자 연기를 할 가능성이 크고, 거친 말로 여 러분을 공격할 수 있다.

어쩌면 지금까지 여러분이 엄마와 나눈 대화 중 가장 추악 할 수도 있다. 직접 이야기하기로 마음먹었다면 최선의 결과 를 가져 올 방법을 미리 생각해 보자. 대화가 주제에서 벗어 나지 않게 할 대책을 시간을 들여 진지하게 고민해 보자. 연 락을 끊어가면서 자신을 보호해야 하는 이유를 엄마에게 어떤 식으로 표현할지도 생각해 봐야 한다. 엄마에게 앞으로는 전화도 받지 않고 어떤 방식으로든 소통하지 않겠다고 말할 계획을 세우자. 대화가 곁가지로 빠져 거기에 휘말리지 않도록 자신을 꼭 붙들어야 한다. 그리고 대화를 끝내거나 환기할 필요가 있다고 느껴질 때 도와줄 사람이 여러분에게 암호를 전달해 주는 방법도 고려해 보자.

당신이
주 부양자라면

여러분이 나르시시스트 엄마의 주 부양자라고 해서 엄마와 어린 시절의 관계로 돌아가야 하는 것은 아니다. 또한 엄마의 건강 상태를 봐서 어떠한 학대도 참아야 하는 것도 아니다. 여러분은 친절한 대우와 존중을 받아야 한다. 여러분이 필요할 때면 언제든지 엄마와의 대화를 그만둘 수 있음을 기억하자. 여러분이 엄마의 집에 있든 식료품점에서 엄마의 장보기를 도와주든 엄마를 병원에 모시고 가든 상관없다. 꼭 엄마와 대화할 필요는 없다. 물리적으로 엄마 곁을 떠날 수 없는 순간도 있을 것이다. 그럴 때는 앞으로 엄마와 함께 있는 동안 계속 침묵을 지킬 것이니 엄마도 그래 주면 고맙겠다고 말하면 된다. 여러분이 엄마의 보호자라면 죄책감과 싸워야 할지도 모른다.

여기서 기억해야 할 가장 중요한 점은 여러분의 감정이 타당하다는 사실이다. 감정은 변하기 마련이다. 우리는 자신을 존중하는 법을 배우면서 사물을 새로운 시각에서 볼 수 있게 된다. 이 모든 과정이 여러분 안에서 일어날 수 있도록 하자. 여러분이 느끼는 감정을 탐구해 보자. 여러분이 느끼는 죄책감은 정당한가? 혹시 나쁜 일을 모두 책임지려는 오래된 습관은 아닌가? 천천히 내 감정에 깊이 파고들어 내가 적절하다고 생각하는 수준에서 감정이 이끄는 대로 행동해 보자. 여전히 엄마와의 경계와 가능한 한 최소한의 접촉이 필요하다고 느낀다면 그렇게 하면 된다. 여러분에게 최선이 무엇인지는 여러분만 알 수 있다. 여러분이 내린 결정이 좋은지 나쁜지를 타인이 판단하게 두지 말자. 모든 사정을 알고 있는 사람은 여러분밖에 없다.

엄마에게 편지 보내기

엄마에게 편지를 쓰면서 여러분은 수많은 생각을 하게 된다. 정중하면서도 철저하게 요점을 전달해 엄마가 여러분의 의도에 어떠한 의문의 여지도 남기지 않기를 원할 것이다. 변증법적 행동치료에서 주로 사용되는 다음 방법은 여러분이 효과적이고 검증된 방식으로 편지를 쓰는 데 도움이 될 것이다.

□ 우선 여러분이 관찰한 그대로 모녀 관계를 묘사하자. 가령 새 원피스가 잘 어울리는지 엄마에게 물었을 때, 엄마는 넌 다이어트를 해야 한다고 말한 것처럼 사실을 강조하자.

□ 그다음 '나 - 진술법'을 사용해 엄마와의 상호 작용이 구체적으로 나에게 어떤 영향을 끼쳤는지 설명하자. 예를 들면 "엄마가 다이어트를 해야 한다고 말했을 때 나는 상처 받았고 내가 부족하다고 느껴졌어"라고 쓴다.

□ 다음 단계는 여러분이 현재 어떻게 하고 싶은지 설명하는 것이다. 불편하더라도 단호하게 주장하자. 이제는 "이 관계에서 빠지는 것이 나한테 가장 도움이 된다고 생각해"라고 말할 때다.

□ 여러분이 엄마에게 기대하는 행동을 강화하는 말을 하자. 예를 들어 "엄마가 나한테 전화하거나 문자를 보내거나 어떤 식으로든 연락하지 않고 내 경계를 존중해 주면 고마울 것 같아"라고 이야기할 수 있다.

편지를 쓸 때 자신감을 잃지 말고 목표에 집중하자. 여러분의 경계를 확고히 해야 한다. 편지의 끝부분에서는 여러분이 한 말을 간략히 요약하면 좋다. 엄마와의 관계를 중단하고자 하는 편지를 마무리할 때는 앞으로 엄마와 연락을 주고받을 계획이 전혀 없음을 밝힌다. 그리고 엄마도 똑같이 해 주길 바란다고 강조하는 것이 좋다.

애도,
앞으로 나아가는
첫걸음

많은 이들이 애도의 다섯 가지 단계에 대해 알고 있다. 하지만 여기에는 죽음과 관련된 상실 외의 다른 의미도 포함한다는 사실을 알고 있는가? 사람들은 본인이 애도 중이라는 사실을 인지하지 못한 채 다양한 상실의 아픔을 애도한다.

애도의
다섯 가지 단계

애도는 모든 나르시시즘 관계에서 중요한 역할을 한다. 여러분은 부모에게서 받아야 했을 무언가를 받지 못해 슬퍼할 수 있다. 그런 동시에 누군가에게는 당연한 존재인 부모를 나는 절대 갖지 못하리라는 사실을 받아들일 때 더욱 의의 가 있다. 여러분은 방치된 내면의 어린 소녀를 애도한다. 그 리고 올바르게 성장하고 자기 자신을 이해하는 방법을 알려 주는 엄마가 없었다는 사실을 애도한다. 어른이 되어야만 했 으며 어린 시절을 빼앗긴 소녀를 애도한다. 슬픔은 극복하기 가장 어려운 감정이지만, 충분히 슬퍼하지 않고서는 앞으로 나아갈 수 없다.

부정

애도의 다섯 가지 단계 중 첫 번째는 '부정'이다. 예를 들어 죽음을 애도하는 사람들이 그 사람의 죽음을 받아들이고 싶 어 하지 않는다는 사실은 쉽게 이해할 수 있다. 우리가 현실 을 알아차릴 때 애도와 부정은 훨씬 복잡해진다. 여러분이 애 도하는 사람은 아직 살아 있다. 하지만 여러분이 치유되면서 성장 과정에서 얼마나 많은 것을 놓쳤는지 알게 된다. 그리고 그것이 여러분을 얼마나 상처 입혔는지 깨닫는다. 여러분이 성장하던 시기에는 상황이 얼마나 나쁜지 알아차리지 못했 을지도 모른다. 그 환경이 여러분이 아는 유일한 삶이었기 때문이다. 내 부모에 대한 어두운 진실을 받아들이기란 쉽지 않다. 대신 엄마와 보낸 몇 안 되는 좋은 시간이 일반적이었고, 훨씬 자주 겪었던 추악한 시간이 예외적이었다고 믿게 된다. 여러분이 치유되면 더는 진실을 부인하지 않을 것이다. 애도의 단계들을 반복할 수 있겠으나 궁극적으로는 기꺼이 수용하게 될 것이다.

분노

받아들이기 어려울 수 있으나 '분노' 역시 애도 과정의 일부다. 회복의 여정에서 애도 단계에 이르렀다면 여러분은 현실을 받아들인 상태일 것이다. 그래서 지금까지 받은 대우에 진심으로 화가 날 수 있다. 여러분은 진실로 상처받았기에 분노라는 감정은 전적으로 타당하다. 여러분의 발달 과정에는 너무나 많은 장애물이 놓여 있었다. 그래서 어른이 되어서도 그것들을 극복해 나가야 했다. 그 결과 여러분은 정상 발달을 따라잡아야 하는 게임에 갇히게 되었다. 돌이켜보면 여러분을 학대하는 사람의 요구를 들어주거나 스스로를 이해하기 위해 얼마나 많은 시간을 낭비했는지 알 수 있다.

때로는 엄마가 본인이 주목받기 위해 여러분을 이용했다

가 더 괜찮은 누군가를 공급원으로 삼게 되면 가차 없이 버렸을 것이다. 그 정도로 엄마가 여러분에게 무관심했다는 사실에 분노가 치밀 수 있다. 화가 나는 순간들이 많아질 테니 이 시기를 솔직하게 보내는 것이 중요하다.

타협

'타협'은 더 복잡하다. 사랑하는 사람의 죽음, 특히 예상치 못한 죽음으로 상실한 경우를 예로 드는 것이 이해하기 쉬울 것이다. 후회로 몸부림치는 남편의 모습을 상상해 보자. 그가 조금만 집에 일찍 왔더라면 아내를 직장에 데려다 줄 수 있었다. 하지만 아내는 기차를 탔고 기차의 탈선으로 사망하고 말았다. 이것이 타협의 한 형태다. 나르시시스트 엄마와의 관계에 대입하자면 여러분은 가장 친한 친구의 엄마가 우리 엄마였으면 하고 바랐을 수 있다. 아니면 "내가 전 과목 A를 받았다면 엄마는 나를 사랑해 주었을 거야"라는 혼잣말을 중얼거렸을지도 모른다.

타협은 많은 사람이 다양한 상황에서 하는 행동이지만 실은 아무런 효과가 없다. 회복의 진정한 토대는 상황을 있는 그대로 받아들이는 급진적인 수용이다. 타협은 수용의 반대

●

슬픔은 극복하기 가장 어려운 감정이지만,
충분히 슬퍼하지 않고서는 앞으로 나아갈 수 없다.

개념이다. 애도의 과정은 한 단계에서 다른 단계로 매끄럽게 넘어가는 것이 아니다. 타협 단계는 분노에서 한 걸음 물러서는 것처럼 느껴질 수 있다. 하지만 우리가 정서적이고 정신적 건강이라는 목표에 도달하기 위해 이 과정을 거치는 것은 자연스러운 일이다.

우울

'우울'은 애도의 자연스럽고 중요한 부분이다. 우울은 나르시시스트 엄마를 둔 딸들에게 조금 더 복잡한 양상을 보일 수 있다. 우울의 기원을 구별하기가 훨씬 어렵기 때문이다. 우울은 기질적(뇌의 신경 세포 기능 장애)일 수도 있고 상황적(우리가 처한 환경에서 유래)일 수도 있다. 나르시시스트 엄마를 둔 딸들은 둘 다 해당할 수 있다.

어릴 때 방치되었고 언어적으로나 정서적으로 학대를 받았을 확률이 높았다는 사실을 인지하면 확실히 슬픔에 잠길 것이다. 하지만 어린아이로서 우리는 기질적인 우울감뿐 아니라 외롭고 사랑을 받지 못하는 느낌에서 오는 슬픔 또한 느꼈을 것이다. 이것이 바로 환경이 심리 상태를 어떻게 악화시킬 수 있는지 보여 주는 예다. 이만큼 상황이 여러분에게 불리할

땐 일반적으로 아주 기쁘고 행복하다고 여겨지는 일을 마음껏 즐기기가 왜 어려웠는지 충분히 짐작해 볼 수 있다.

수용

'수용'은 우리가 진정으로 사슬에서 벗어나기 시작하는 단계다. 우리가 경험한 것을 있는 그대로 받아들일 수 있는 시점에 이르면 치유될 수 있는 기반을 닦은 셈이다.

많은 딸들이 수용을 자유의 영역으로 보지 않는다. 이는 수용이 이뤄 낼 가치가 있는 목표라는 생각을 두렵게 한다. 머릿속으로 수용을 상상하면 지는 것처럼 느껴질 수 있다. 엄마가 나를 방치했으며 어린 시절이 내 기억만큼 실제로 끔찍했다는 사실을 그냥 받아들인다는 것이 이해가 가지 않을 수 있다. 하지만 아무리 여러분이 수용과 맞서 싸우려 해도 그것이 진실을 바꾸지 않는다. 진실에 대항하면 할수록 과거에 더 오래 갇혀 있게 된다. 그리고 건강하고 만족스러운 삶을 향한 여정을 따라가지 못할 것이다. 이 단계를 통과하려면 많은 것들과 싸워야 한다. 사실을 받아들이는 단계가 힘들 수 있지만 일단 수용하고 진심으로 인정한다면 여러분은 활력을 되찾을 수 있다.

: 통제권은 당신에게 있다

여러분의 미래에 대한 통제권은 여러분이 쥐고 있음을 깨달았
길 바란다.

- 여러분은 트리거를 인지하고 제어하는 법을 배웠다. 트리
  거가 어떻게 여러분을 괴롭히고 건강하지 못한 감정 사이
  클에 갇히도록 할 수 있는지도 알았다.
- 여러분은 경계를 설정하고 유지하는 일이 가늠할 수 없을 정
  도로 중요하다는 것을 배웠다. 이 작업을 통해 회복으로 나
  아가는 방향을 설정하는 데 필요한 체계를 구축할 수 있다.
- 여러분은 경계를 설정하고 그에 따라 행동할 때 의사소통
  이 얼마나 중요한지 알았다. 효과적인 소통이 이뤄지지 않
  는다면 경계는 아무런 의미가 없다. 제대로 지켜지거나 존
  중되지 않을 것이기 때문이다.
- 엄마와 더는 함께하고 싶지 않다고 마음먹었다면 여러분은

어떻게 의사를 표현해야 좋을지 보여 주는 바람직한 예를 알고 있다.

- 마지막으로 여러분은 슬픔이 여러분에게 불리한 감정이 아닌 효과적인 감정임을 배웠다. 애도 과정은 여러분이 앞으로 나아가는 데 필요한 새로운 시작을 가능하게 해 준다.

이 장에서 여러분이 읽은 내용 중 일부가 압도적이거나 약간 두렵게 느껴질 수 있음을 충분히 알고 있다. 여러분의 성장에는 가치 있는 수많은 변화가 따라온다. 하지만 일단 변화를 받아들이면 여러분은 절대 뒤돌아보지 않게 될 것이다.

5장

Recovering from Narcissistic Mothers

상처를 직시하면
시작되는 건강한 관계

Recovering from Narcissistic Mothers

악순환의
사슬
끊기

이 장에서는 나르시시즘 학대의 흔적을 어떻게 변화시킬
지 탐구하려 한다. 여러분의 삶뿐만 아니라 여러분의 자녀와
미래의 관계를 위한 일이다. 트라우마는 세대와 세대로 이어
진다는 말을 들어봤을 것이다. 여러분의 경험을 깊이 이해할
수록 그 말이 사실임을 깨달을지도 모른다. 나르시시즘 학대
가 세대에 끼치는 영향은 특히 복잡하다. 많은 이들이 원가
족에서 나르시시스트를 돋보이게 하는 들러리 역할을 하기
때문이다.

미래를 만들어가는 과정에서 여러분은 어쩌면 자녀와의
관계에서도 들러리 역할을 벗어나지 못하고 있을 수도 있다.

나를 찾아온 내담자들은 이 사슬을 깨부수려는 사람들이다. 그들은 지금까지 이어온 악순환을 깨트리겠다고 결심했다. 알다시피 이러한 과정은 무수한 노력과 시간이 필요하다. 오르기 너무 높은 산처럼 느껴질 수 있다. 하지만 정상을 향해 내디딘 여러분의 모든 발걸음은 그만한 가치가 있다. 한 번에 한 걸음씩 천천히 올라가도 괜찮다. 끝까지 버텨보자!

트라우마
극복하기

나르시시즘 학대 생존자들을 상담할 때 본인이 학대를 받았다는 생각에 발끈하는 내담자들을 종종 목격한다. 하물며 트라우마를 겪었다는 생각에 대한 분노는 말할 것도 없다. 우리는 강인해지라고 교육받았기에 자기 경험을 트라우마로 분류하는 일이 때로는 불쾌감을 유발한다. 상처 입었다는 말이 나약함을 인정하는 듯이 느껴질 수 있는데, 이는 불안정한 상태를 의미한다. 혹은 아직 삶의 현실을 받아들이지 못했을 수도 있다. '학대'라는 용어가 워낙 널리 사용되고, 여러분의 이야기에 딱 들어맞지 않을 수 있다. 하지만 나르시시스트 엄마

밑에서 자랐다면 여러분은 어릴 때 거의 확실하게 방임되었다는 것이 현실이다. 방임은 학대의 한 형태다. 나르시시스트 엄마를 둔 일부 아이들은 신체적으로는 물론 정서적으로도 학대를 받는다. 학대는 외상을 초래한다. 그리고 외상 사건을 겪으면 뇌가 작용하고 정보를 처리하는 방식이 바뀐다.

나는 나르시시스트 부모 곁에서 성장한 결과로 PTSD 혹은 CPTSD를 갖게 된 환자들을 수없이 목격했다. PTSD는 공식적으로 진단받을 수 있는 장애인 반면 CPTSD는 아직 진단 편람에 공식적으로 인정되지 않았다는 사실에 특히 주목해야 한다.

나와 상담한 나르시시즘 학대 생존자들 대부분이 해리 증상을 경험한다. 해리는 외상에 대처하는 일반적인 반응이다. 사람들은 외상 경험과 연합된 공포나 분노와 같은 잔여 감정을 느낀다. 하지만 보통은 일시적으로나 영구적으로 외상 사건을 기억하지 못한다. 트라우마에서 비롯된 해리 증상이 단절의 형태를 띠는 경우도 있다. 즉, 외상 사건을 아주 세세하게 기억하더라도 그 기억에서 정서적으로 분리된 느낌을 받는다. 마치 텔레비전에서 외상 사건을 본 것처럼 말이다. 아이들은 본인의 삶에 대한 주도권과 통제력이 거의 없다. 그렇기에 트라우마에 대처하는 메커니즘으로 해리를 사용할 가능성이 더 크다. 사람들은 자신을 안전하게 지키기 위해 해리를 습득한다. 다루기 너무 고통스러운 기억이 촉발되면 해리 상태로 돌아갈 수도 있다. 이는 대개 사람들이 자신을 둘러싼 현실을 무시하는 현상을 뜻한다. 그들은 시간 감각을 놓칠 정도로 생각에 빠져 헤맬 수 있다.

'과잉 경계' 역시 PTSD와 CPTSD의 증상이다. 이는 또 다른 대응 기제다. 사람들이 한 번 혹은 계속되는 트라우마를 경험했기 때문에 위험이 다시 닥칠 때를 대비해 끊임없이 경계를 세우는 것이다.

여러분이 장애가 있든 어릴 때 습득한 파괴적인 대응 기제를 유지할 뿐이든 간에 어른이 되어서도 여러분은 트라우마에 뿌리를 둔 행동과 씨름할 것이다. 이런 행동들이 어릴 때는 나를 보호해 주었지만, 지금은 더 이상 필요하지 않다는 점을 인정하는 태도가 중요하다. 심리치료사의 도움을 받아 이 같은 대응 기제를 버릴 수 있다. 그런 뒤에 여러분을 현재로 되돌아오게 해 줄 더 건강한 행동 양식으로 그 자리를 채우는 작업을 시작할 수 있다. 다음 중 일부를 시도해 보자.

- 트라우마와 PTSD에 관해 자세히 알아보자. 이 지식은 여러분의 경험을 이해하는 데 도움이 될 수 있다. 게다가 여러분이 혼자가 아니라는 사실을 깨달을 수 있게 도와줄 것이다.

- 지역에 있는 트라우마 지지집단에 참여하자. 많은 사람들이 지지집단을 긍정적으로 생각한다. 학자들에 따르면 사회적 지지 관계를 보유한 사람이 PTSD에서 회복할 가능성이 더 크다고 한다.

- 트라우마 반응은 정상이며 과거는 과거일 뿐이라고 되새기자. 여러분은 어릴 때 트라우마를 경험했으며, 몹시 불안감을 느꼈다. 하지만 지금의 여러분은 안전하다는 사실을 받아들일 수 있는 방법을 찾아보자. 주위를 둘러보고 나의 현재 위치를 관찰하고 나는 현존한다고 되뇌이자. 여러분은 더 이상 트라우마에 갇혀 있지 않다.

- 심리치료사에게 남아 있는 외상 반응 혹은 PTSD에 대처하는 방법을 물어보자. 심리치료사는 여러분이 느린 심호흡 운동을 실천하고 과거에서 벗어나 현재로 돌아오도록 하는 전략을 세우는 데 도움을 줄 수 있다.

연락하지
않기로
결심하다

어맨다는 아버지에게 가족 중 가장 '감정적인' 사람이라는 비난을 받은 후 처음으로 치료실을 찾았다. 그녀는 아버지를 나르시시스트라 생각했고 치료를 받기 전 나르시시즘을 굉장히 깊게 공부했다. 그녀는 아버지가 사람을 통제하고 휘두르려 한다고 보았기에 아버지와의 관계를 다룰 수 있는 기술이 필요하다고 느꼈다. 그런데 상담을 진행할수록 어맨다의 아버지에 대한 시각이 바뀌기 시작했다. 그녀는 아버지가 요구하던 일이 사실은 엄마의 요구 사항임을 깨닫기 시작했다. 그녀의 아버지는 나르시시스트가 아니라 인에이블러였다.

나르시시스트 관계 수업

나르시시스트 가족의
역할

이제 어맨다는 아버지가 엄마의 날아다니는 원숭이로서 어떤 식으로 행동하는지 알 수 있었다. 게다가 여동생은 엄마의 '골든 차일드(Golden Child, 나르시시스트 부모가 선호하는 자녀로 아낌없이 애정을 쏟는다)'였던 반면 자신은 '스케이프고트(Scapegoat, 나르시시스트 부모의 희생양이 되는 자녀)'였다는 사실을 알게 되었다. 모두 나르시시스트 가족에게서 흔히 나타나는 역할들이다.

시간이 흘러 어맨다는 가족을 이해하기 시작했다. 그때 그녀는 평화가 내면에서 비롯되어야 한다는 사실을 깨달았다. 원가족의 해로운 행동 양식 때문에 어맨다는 대가족 중 누구에게도 의지할 수 없었다. 또한 가족 중 누구도 그녀를 지지해 줄 수 없었다. 치료를 통해 그녀는 자기 자신을 돌보고 양육하는 것의 중요성을 이해하기 시작했다. 그리고 자신을 재양육하는 도전을 받아들였다. 그녀는 이 책에 소개된 방법과 도구를 활용했다. 어린 시절의 내면 아이와 접촉하기 위해 자신만의 방법으로 철저하게 훈련했다.

유아기를 벗어나면
열리는 길

어맨다는 회복하는 과정에서 다양한 길을 따를 수 있을 만큼 유연하고 호기심이 많았다. 하지만 어맨다는 유아기에 갇혀 있었다. 그녀는 상담실에서 자기감정에 대해 모두 이야기하기 전까지 몇 주 동안은 앞으로 나아갈 수 없었다. 이 장애물은 어맨다가 어린 아기처럼 자기감정을 표현할 말을 찾지 못하고 있다는 점을 보여 주었다. 이 사실을 깨달은 후에야 어맨다는 어린아이였던 자신이 설명할 수 없었던 감정, 즉 두려움을 말할 수 있었다. 그리고 다음 발달 단계로 나아갈 수 있었다.

치유 여정의 정점에 이르렀을 때 어맨다는 지금까지 만난 모든 유형의 자기 자신과 만나는 상상을 했다. 하와이의 한 해변에서 현재의 그녀가 모두를 사랑스럽게 포용해 주는 장면을 상상했다. 그녀는 온전함을 느꼈다. 인생의 발달 단계에서 만난 모든 유형의 자신을 돌봐주었기 때문이다. 어맨다는 자신에게 사랑과 무조건적인 수용을 베풀었다. 어린 시절을 관통하는 단계에서 그녀는 앞으로 나아가기 전 필요한 시간만큼 스스로를 치유했다. 예상할 수 있듯 이 작업은 몇 달이 소요되었고 울고 웃는 과정의 연속이었다. 어맨다는 모든 과정을 끝까지 해냈다. 인생에서 스스로가 만들어 낸 사랑과 지지에 집중했고 자신이 소중하다는 사실을 깨달았다.

무너진
자존감을
회복하는 길

자존감은 개인이 느끼는 전반적인 자기 가치감 혹은 자기 존중감을 의미한다. 나르시시스트 엄마를 둔 딸은 일반적으로 자기 가치를 인식하는 데 도움이 되는 어떠한 인정도 받지 못했다. 여러분은 모든 에너지와 관심을 나르시시스트 엄마에게 쏟아부었다. 그래서 진짜 나 자신과 내게 중요한 것, 나의 내적 가치를 탐구할 시간이나 힘을 남겨두지 못했을 것이다. 여러분은 자기 자신을 사랑하는 법을 배우지 못했다. 더욱이 엄마의 그늘에서 살며 비난을 들어왔기 때문에 여러분의 자존감은 크게 손상되었다. 어쩌면 여러분은 스스로를 매우 부정적인 시각으로 볼 수도 있다. 다행히 우리는 이 문제를 해결할 수 있다. 여러분은 이미 회복하기 시작했다.

회복으로 가는
3단계

· 회복으로 가는 1단계로, 자기 자신을 사랑하고 존중하는
연습을 하자. 경계를 설정하는 것은 이 과정을 시작하는
하나의 방법이다. 우리는 소중한 것을 지키려 하기 때문
이다. 경계는 스스로에게 힘을 실어 주는 수단이 될 수 있
다. 경계 설정은 자기 돌봄 행위이자 여러분의 자존감을
세우는 토대다.

· 2단계는 자기 자신을 신뢰하는 것이다. 몸은 우리에게 계
속 메시지를 주고 있으니 이제는 듣기 시작할 차례다. 다
행히도 우리의 직관이나 본능적 반응은 몸이 마비되고
방치되었을 때조차 작동을 멈추지 않는다. 내 생각에 직
감은 처음부터 여러분이 알아차릴 수 있게 애썼다. 여러
분이 여기에 주의를 기울이지 못했을 뿐이다. 이제는 직
관을 따르자. 여러분은 스스로에게 무엇이 최선이고 아

닌지 알고 있다.

· 3단계는 사실에 집중하는 것이다. 나르시시스트는 여러분이 어떤 사람인지 그럴듯한 거짓말을 늘어놓으며 수년간 여러분을 멋대로 휘둘렀다. 하지만 엄마는 현실을 통제하지 못한다. 여러분은 내면의 부정적인 목소리에 갇혀 있을지도 모른다. 하지만 한 인간으로서 자신이 누구인지 중립적인 사실들을 진지하게 검토해 본다면 어떨까? 시간을 들여 크든 작든 내가 이룬 성취에 대해 생각해 보자. 여러분은 학사 학위를 받았거나 거미를 죽이는 대신 병에 가둔 뒤 풀어 준 사람일 수도 있다. 여러분에게는 이뤄 낸 결과물이 있고, 여러분은 가치 있는 사람이다. 가치 판단을 배제하고 자기 자신에 대한 중립적인 사실들을 적어보는 것도 도움이 될 수 있다. 적어 놓은 사실들을 크게 소리 내어 읽어 보자. 여러분의 자기 가치감(삶에 대한 행복감, 자신감 등 현재 스스로 가지고 있는 내적인 자신감을 표현하는 개념)과 일치하는가?

이제는 여러분의 초점을 자기 자신과 치유와 성장에 필요한 것으로 옮겨야 할 때다. 자기 자신에게 집중한다고 해서 나르시시스트가 되지는 않는다. 단지 여러분의 상처를 치료해야 하는 시기일 뿐이다. 또한 속도를 줄이고 생존 모드와 과잉 경계 상태에서 벗어나야 할 때다. 자신에게 주의를 기울이고 마음을 써야 하는 시기이다. 주변에서 일어나는 일을 받아들이고 자신의 반응을 연구해야 한다. 이것이 바로 여러분이 누구인지, 무엇이 중요한지, 실제로 여러분이 얼마나 가치 있는지 알아가는 과정이다.

매일
확언의 힘

회복 과정에서 흔히 사용하는 '될 때까지 된 척하라'라는 말이 있다. 생각하고 믿고 행동하려고 한 일을 이미 생각하고 믿고 행동하고 있는 것처럼 굴라는 뜻이다. 매일 확언하는 연습을 시작하면 자기 자신에게 좋은 말을 건네는 행위가 생소하고 어색하게 느껴질 수 있다. 하지만 될 때까지 된 척한다면 이 연습이 훨씬 자연스럽게 느껴질 수 있다. 여러분의 입에서 나온 친절한 말들이 진짜 실현될 수도 있다고 생각하기 시작할 것이다.

어색함을 뚫고 나아가 자신에게 멋진 말을 건네자. 내면에 살고 있는 소녀에게 너는 소중하고 강한 존재이며 지금까지 늘 그래왔다고 말해 주는 행위는 상상 이상으로 중요하다. 나는 종종 내담자들에게 확언의 문장을 아침에 가장 먼저 볼 수 있도록 화장실 거울에 써 붙여 두라고 권한다.

여러분이 스스로에게 하는 못된 말들은 어릴 때 받은 메시지이다. 이를 지금도 반복하고 있을 확률이 높다. 자기 자신을 멍청하다고 생각한 것을 알아차린다면 생각을 멈추자. 그리고 그 말에 담긴 불친절함에 주목하자. 그런 다음 그 말에 반박할 시간을 가지자. 이제 여러분이 직접 실천해 볼 시간이다. 매일 스스로에게 적어도 다섯 가지의 친절한 말을 하도록 권장한다.

간단한 예를 들면 다음과 같다.

"나는 소중하다."

"나는 내가 자랑스럽다."

"나는 사랑을 받을 가치가 있다."

"나는 용감하고 강인하다."

"나는 최선을 다하고 있다."

자기 자신에게 건네야 할 가장 중요한 말은 여러분이 진짜로 믿는 것이어야 한다. 그러니 위 예시를 출발점으로 삼아 본인만의 확언을 추가해 보자.

건강하게 자신을 위하는 일

여러분은 자신뿐 아니라 여러분의 가족을 보호하기 위해서라도 스스로를 소중히 여기고 사랑해야 한다. 회복과 성장의 길을 따라갈 때는 나의 이익과 욕구를 최우선 순위로 둬야 한다. 스스로를 위해 이러한 행동을 해 본 적이 없으므로 아직은 어색하게 느껴질 것이다. 여러분은 엄마의 극단적인 자기중심주의를 본보기로 삼으며 자랐다. 여러분이 스스로를 보호하는 연습을 시작할 때 자기애적인 방식으로 행동하고 있다고 걱정할 수 있다. 하지만 일단 이 연습을 시작하면 뒤돌아보고 싶지 않을 것이다. 마구잡이 쇼핑이나 사치스러운 여행처럼 피상적인 자기 돌봄을 말하는 것이 아니다. 여

●

자신에게 주의를 기울이고 마음을 써야 하는 시기이다.
진실로 주변에서 일어나는 일을 받아들이고
자신의 반응을 연구해야 한다.

러분의 직관을 따르고 해로운 관계에서 벗어나야 한다. 자신에게 유해하다고 느껴지는 타인의 요구를 거절하는 것이다. 여러분은 자기 자신에게서 사랑과 보살핌을 받을 가치가 있다. 여기서는 스스로를 안전하게 지킬 수 있는 전략 몇 가지를 살펴보려 한다.

스스로를 보호하기

짐작했듯이 자기 자신을 보호하는 방법에는 경계 설정하기도 포함된다. 따라서 여러분은 이미 이 과정을 잘 따라가고 있는 셈이다. 나르시시스트 엄마와의 상호 작용이 진을 빼놓기는 하지만 스스로 중심을 잡는 일이 얼마나 고단할지는 예상하지 못할 것이다. 엄마는 멋대로 행동하고 여러분을 조종하는 데 익숙하다. 여러분이 이 악순환을 멈추려 한다면 엄마는 강수를 두려 할 것이다. 이는 어떠한 행동이라도 바꾸려 할 때 예상할 수 있는 반응이다. 엄마의 격한 반발은 지나갈 것이다.

심리학 용어로 말하면 '정적 강화(Positive Reinforcement, 목표 행동이 나타난 이후 특정한 후속자극을 제공함으로써 그 행동의 발생률, 강도 혹은 지속시간을 증가시키는 방법)'와 '부적 강화(Negative

Reinforcement, 행동수정에서 바람직한 행동을 하는 경우의 조건부로 혐오 자극을 제거하여 바람직한 행동을 강화하는 것)'를 통한 고전적 조건 형성에 관한 이야기다. 만약 여러분이 엄마와 전화 통화를 하고 있는데 엄마가 경계를 침범한다면 바로 엄마가 경계를 넘었다고 말하자. 그런 뒤에 전화를 끊으면 된다. 엄마가 원하는 여러분의 시간과 관심을 여러분이 빼앗고 있기 때문에 이것은 부적 강화다. 엄마가 여러분의 경계를 존중한다면 정적 강화로 엄마의 행동을 보상해 줄 수 있다. 예를 들어 여러분이 엄마와의 점심 약속을 취소해야 하는 경우, 딸이 엄마를 사랑하지 않는다는 식으로 비난해서는 안 된다고 엄마에게 말했다. 이후 여러분이 점심 약속을 취소해야 할 때가 되면 엄마는 이 일에 관해 무례하지 않은 태도로 여러분의 경계를 존중한다. 여러분은 이렇게 말할 수 있다.

"오늘 점심 같이 못 하는 거 이해해 줘서 고마워. 다음에 같이 먹자."

이 말은 여러분의 한계를 존중하는 엄마의 행동을 강화한다. 그런 동시에 가능할 때 여러분의 시간과 관심을 제공함으로써 엄마에게 보상을 준다.

앞서 말한 과정에 전념하면서 여러분은 경계를 강화했을 때 스스로에게 친절함을 보여 줄 수 있다. 이 친절함을 통해 새로운 행동을 내면에서 긍정적으로 강화할 필요가 있다. 이는 확언을 실천하고 혼자서 정서적으로 재충전하는 시간을 가지는 일이다. 그리고 나는 평온함을 누리고 존중을 받을 자격이 있다고 상기하는 것을 의미한다.

가족 보호하기

여러분은 엄마가 여러분의 자녀와 배우자 혹은 여러분과 가까운 사람들까지 조종하려 한다는 사실을 알아차렸을 것이다. 이는 나르시시스트가 보이는 전형적인 행동이지만 간과하기 쉬운 부분이기도 하다. 여러분이 직접 겪는 경험이 아니기 때문이다. 엄마는 여러분에게 직접 연락할 수 없으므로 여러분이 어떻게 지내는지 물어보려고 사위에게 문자 메시지를 보낼 수도 있다. 엄마는 여러분도 함께 느끼기 시작하는 힘의 상실을 견디지 못한다. 엄마는 자신의 영향력을 유지하기 위해 다른 방법들을 시도할 것이다.

여러분의 자녀와 관련된 문제는 정말 까다롭고 난처하다.

당연히 아이들은 할머니와 시간을 보낼 수 있어야 하지 않을까? 대답은 '아니오'이다. 할머니가 손주들을 이용해 여러분에게 접근하려 한다거나 마찬가지로 아이들을 자신의 자기애적 욕구를 채우기 위한 공급원으로 사용한다면 말이다.

여러분이 사랑하는 사람을 보호하는 일은 스스로를 보호하는 일보다 조금 더 자연스럽게 느껴질 수 있다. 이 점을 활용하자. 여러분이 스스로를 위해 설정한 경계는 당연히 자녀와 사랑하는 사람들을 위해 똑같이 설정해야 한다. 이는 가까운 사람들에게 엄마의 파괴적인 행동으로부터 그들을 보호하려고 하는 이유를 알릴 필요가 있다는 뜻이다. 배우자라도 여러분이 경험한 정서적 학대의 정도를 이해하지 못할 수 있다. 상황을 자세하게 설명해야 할 것이다. 궁극적으로 여러분이 세우는 방어벽에 대해 사랑하는 사람들과 어느 정도 소통함으로써 그들의 지지를 받을 수 있다.

딸은
엄마가
아니다

상담실에 방문하는 나르시시스트 엄마를 둔 딸들은 대개 자신도 나르시시스트가 아닐까 걱정한다. 하지만 나르시시스트일지도 모른다는 걱정 자체가 여러분이 나르시시스트가 아님을 보여 주는 가장 큰 지표다. 일반적으로 나르시시스트는 도움을 요청하기 위해 치료를 받으러 오지 않는다. 또한 본인의 행동이 비정상적이라는 점을 인정하지도 않는다. 나르시시스트 엄마를 둔 여러분은 엄마의 특성 몇 가지를 공유할 확률이 높다. 엄마가 본인처럼 생각하고 행동하도록 딸을 키웠기 때문이다. 엄마는 처음부터 여러분에게 성인의 표본이었다. 여러분은 밖에서 사람들과 관계를 맺을 수 있을 만큼 나이가 들고 나서야 엄마의 표본이 건강하지 않다는 사실을 깨달았다. 여러분은 집 밖의 사람들과 관계를 맺었을 때 사람들이 친절하고 이기적이지 않게 행동하는 모습을 관찰했다. 이 책을 읽으면서 여러분은 자신이 엄마와 같은 수준이 아님을 인식하고 있을 것이다.

심리치료실에서 경험했던 다른 흥미로운 현상은 본인을 가족의 말썽꾸러기처럼 느껴왔던 여성들의 숫자다. 나르시시스트 엄마를 둔 딸들은 세대를 거쳐 일어났을 정서적 학대의 사슬을 깨부수려 노력하고 있다. 이 여성들은 엄마의 요구 사항에 관심을 두지 않으려 했을 때 규범에 어긋나는 행동을 했다고 비난을 받게 된다. 만약 이런 일로 말썽꾸러기 낙인이 찍혔다면 그것을 왕관처럼 쓰도록 하자. 그 꼬리표를 받아들이자. 엄마의 뒤를 따르거나 엄마의 행동을 부추기지 않았던 나의 용기를 자랑스러워하자. 이러한 태도는 여러분이 자기 자신을 찾는 길을 걷는 데 도움이 될 것이다.

우리의 행동에는 좋든 나쁘든 부모님의 특성이 나타나기 마련이다. 여러분의 행동을 엄마의 자기애적 특성으로 인지한다면 그 행동으로 이어지게 한 감정이 무엇이었는지에 주의를 기울여 보자. 여러분은 이 악순환을 끊을 수 있다. 이 책을 읽는 것만으로 여러분은 이미 그 목표를 향해 한 걸음 나아가고 있는 셈이다.

여러분은 여전히 내면에 살고 있는 소녀에게 사랑과 보살핌을 선물해 줄 수 있다. 내면 아이 보살피기는 현재 나이와 관계없이 가능하며, 꼭 필요한 과정이다. 일단 내면 아이와 접촉하면 마음속에 묵혀왔던 고통이 선명하게 보이기 시작한다. 그리고 앞으로 나아가야 할 길 역시 보이기 시작할 것이다. 내면 아이와 연결되면 그간의 고통스러운 기억들로 돌아가 그때의 나를 위로할 수 있을 것이다. 여러분의 내면 아이가 외로워하고 보살핌을 받지 못해 슬퍼할 때 곁에 있어 주며 사랑과 수용의 태도를 보여 주자.

일이 잘 풀리지 않을 때 엄마는 여러분을 위로해 주지 않았다. 여러분의 고통을 묵살하고 스스로 보잘것없다고 느끼게 했을지도 모른다. 학교 연극에서 배역을 따냈을 때 엄마는 여러분을 칭찬해 주지 않았으며 철자 맞추기 대회에서 우승했을 때도 축하해 주지 않았다. 여러분이 성취에 쏟은 용기와 수고를 무시하고 오히려 이렇게 말했을 것이다.

"마지막 단어의 철자를 더듬거렸어."
"왜 연극의 주인공을 맡지 못했니?"

다행히 여러분의 열의를 북돋아 주고 성취를 칭찬하는 일은 현재의 여러분과 내면 아이를 위해 충분히 할 수 있다. 여러분이 어린아이였을 때 사진을 보면서 그 소녀에게 말을 걸어 보자. 그렇게 힘든 어린 시절을 견뎌 낸 네가 얼마나 자랑스러운지 이야기하자. 학창 시절 관중석에서 응원해 주는 사람 하나 없이 경기를 하러 가야 함에도 맡은 역할을 충실히 수행하는 능력에 무척 감동했다고 칭찬해 주자. 슬프고 외로운 날들이 많았던 이유를 이해할 수 있게 도와주고 더 좋은 것들을 누릴 자격이 충분하다고 알려 주자. 다시는 옆으로 밀려나게 두지 않을 거라고 안심시키자. 내면 아이가 안전한 공간에서 온전히 감정을 느낄 수 있게 함으로써 여러분은 고통을 치유하기 시작할 것이다.

여러분이 스스로를 양육한다는 생각에 거부감이 들지 않

는다면 다음 단계는 현재의 자신을 응원하는 것이다. 여러분은 이제 자신만의 치어리더가 될 수 있다. 나르시시스트 엄마를 둔 딸들은 주변으로 밀려나는 것에 익숙하며 이를 거의 혹은 아예 인지하지 못한 채 조용히 목표를 달성한다. 지금이 바로잡을 시기다. 크든 작든 그 중간이든 축하하고 싶은 일이 있다면 뭐든 축하하자.

아마 여러분은 성취의 결과물이 타인에게 노출되지 않는 상황에 훨씬 익숙할 것이다. 그래서 자신을 축하하고 응원하는 일이 어색하고 응석 부리는 행동이라 느껴질 수 있다. 그래도 한 번 시도해 보자. 자신만의 치어리더가 되어 주는 일은 자아감 형성과 지속적인 정체성 발달에 굉장히 중요하다. 작은 일부터 시작해 보자. 낮잠 자고 싶다는 생각이 간절할 때 졸음을 이겨내고 빨래를 모두 갰다면 기쁨의 춤을 출 수 있을 것이다. 승진 기념으로 스스로 선물을 사줄 수도 있다. 여러분이 원하는 수준으로 마음껏 스스로를 축하해 주자.

자신에게 의심이 들 때는 여러분이 얼마나 지적이고 사랑스럽고 공감 능력이 뛰어나며 밝은 사람인지 상기하자. 목표를 달성한 후에는 등을 토닥여 주자. 그리고 얼마나 대단한 성과였는지 스스로에게 말해 보자. 자랑스러운 일을 했을 때는 기념으로 만찬을 즐기거나 친구 혹은 연인에게 연락해 좋은 소식을 공유하자. 여러분이 스스로의 가치를 인정하기 시작할 때 받는 관심과 칭찬은 당연한 보상이다. 자신을 응원하는 것은 나를 사랑하고 양육하는 또 하나의 방법이다. 또한 이미 오래전부터 했어야 하는 행동이다.

나를
지지해 주는 사람

상담실을 찾아오는 많은 여성들에게는 회복 과정을 거치는 데 도움을 주고 정서적으로 지지를 보내는 사람이 없다. 놀랄 일도 아니다. 나르시시스트 엄마 밑에서 성장했으니 스스로를 지키기 위해 회피하는 법을 습득했을 것이다. 타인을 신뢰하는 데 어려움이 있어 다른 사람들이 여러분을 도와줄 틈을 허락하지 않았을지도 모른다. 적절한 시기에 감정적 보호막을 세우는 법을 배우려면 경계를 풀고 사람들의 도움을 받아들이는 것이 중요하다. 몇 가지 예를 들면 정서적으로 건강한 친척이나 친구, 신앙 공동체, 심리치료사 혹은 트라우마 지지집단 등을 찾아 볼 수 있다.

주변의 지원이 있으면 회복을 위해 노력할 때 셀 수 없이 많은 도움을 받을 수 있다. 타인에게 도움을 요청할 때 드는 불편감을 극복할 수 있도록 자기 자신에게 힘을 실어 주자. 내가 타인에게 부담을 주고 있다는 생각은 여러분을 고립시킬 뿐이다. 도움이 되는 사람이 누구인지 알게 되었다면 필요할 때 바로 전화해 보자. 우울한 기분이 들거나 여러분이 제대로 된 길을 가고 있는지 확인을 받고 싶을 때가 있을 것이다. 여러분은 성공뿐 아니라 두려움과 슬픔에 대해서도 털어놓을 수 있는 사람을 곁에 둘 자격이 충분하다. 친구는 여러분의 경험을 이해해 줄 것이다.

여러분의 감정을 있는 그대로 수용해 주는 타당화 경험은 나르시시스트 엄마를 둔 모든 딸에게 정말 필요하다. 내 편인 이들이 있다는 것을 알면 사랑과 수용을 느낄 수 있으며, 자신이 가치 있는 존재임을 기억하는 데에도 도움을 준다.

나를 보살피기

우리에게는 우리를 돌봐 줄 엄마가 필요하다. 엄마는 우리에게 스스로를 사랑하고 용서하는 법을 가르쳐 주어야 한다. 또한 주변 세계를 탐구하고 진정한 내가 누구인지 알아가는 방법을 알려 줄 필요가 있다. 나르시시스트 엄마에게 이런 일들은 능력 밖이다. 결과적으로 여러분은 고통스러운 경험을 다루는 건강하지 못한 대처 기술을 발전시켜왔을 것이다. 적절한 보살핌의 부재는 자기 자신에 대한 수치심과 무가치하다는 느낌을 남겼을지도 모른다. 자기 자신을 보살피는 것은 여러분의 치유에 도움이 될 수 있다. 여러분은 따뜻하고 애정이 넘치며 사랑과 보살핌을 줄 수 있는 엄마가 된다는 것이 어떤 의미인지 안다. 스스로에게 그런 엄마가 되어 줄 수 있다. 그럼으로써 여러분은 자신의 욕구를 더 정확하게 이해할 것이다.

여러분에게 떠오르는 어머니상의 특징을 파악해 탐구한 다음 내면 아이에게 그대로 해 주자. 엄마의 역할 모델로는 여러분의 지인 혹은 책이나 영화 속 인물이 될 수도 있다. 다음은 여러분이 스스로에게 해 줄 수 있는 말이다.

□ 기분이 나쁘다는 것이 자신이 나쁜 사람이라는 뜻은 아니다.

□ 우리의 감정은 우리가 어떤 사람인지 정의하지 않는다. 감정은 지나갈 것이기에 어떠한 감정을 충분히 느껴도 나는 안전하다.

□ 나는 실수할 수 있고 그럼에도 여전히 사랑을 받을 가치가 있다.

□ 나르시시스트가 되지 않고도 자신을 자랑스러워할 수 있다.

□ 나를 키운 나르시시스트 엄마와 나는 다르다.

□ 고통을 피하고자 개발한 비효율적인 대처 기술에 의존할 필요가 없다. 나는 성인이고, 이제는 내가 통제력을 쥐고 있으며 나 자신을 안전하게 지키고 있다.

□ 있는 그대로의 내가 되어도 괜찮다. 그리고 앞으로 더 성장할 수 있다.

: 당신은 트라우마에서 살아남았다

이 장에서는 트라우마, 방임, 학대와 같이 여러분의 경험을 구분하는 데 사용되는 정확한 용어를 이해하는 데 집중했다. 여러분은 살아남았다. 이제는 내가 누구인지, 그리고 앞으로 되고 싶은 나 자신을 어떻게 보호할 것인지 파악하기 위한 기술을 배우고 있다. 여러분이 복합 트라우마를 경험했다는 사실을 이해하는 것이 중요하다. 경험에 올바른 이름을 붙이지 않으면 여러분은 그 경험을 부인하고 과거의 방임 상태에 계속 갇혀 있기 때문이다. 사실을 인정하는 것 역시 자기 돌봄의 행위이다. 다음은 이 장에서 여러분이 얻어가길 바라는 내용이다.

- 여러분은 정서적 방임이라는 형태의 트라우마를 경험했다. 다른 형태의 트라우마도 경험했을지 모른다.
- 여러분에게는 자존감은커녕 확고한 자아감을 형성할 기회조차 없었다.

- 엄마에게 결코 충분하지 못한 사람으로 스스로를 바라봤다.
- 어떤 공통점이 있더라도 여러분은 엄마와 다르다. 여러분의 마음에는 공감 능력과 사랑, 친절함이 있다.
- 여러분에겐 항상 필요한 존재였던 나를 보살펴 주는 양육자가 될 힘이 있다. 방치되었던 소녀는 여전히 여러분의 내면에 살고 있으며, 여러분의 관심과 사랑을 기다리고 있다.
- 여러분이 의지할 수 있는 사람들이 있다. 치유의 길을 걸어가는 과정에서 여러분은 지지 관계를 형성하고 그들의 사랑과 격려에 의존할 수 있다.

6장

스스로를 돌보고
회복해 가는 삶

Recovering from Narcissistic Mothers

당신은
사랑받을
가치가 있다

심리치료사들이 자기 돌봄의 중요성을 강조할 때는 거품 목욕이나 스파에 며칠씩 빠져들라는 의도가 아니다. 그보다 우리는 여러분이 밤새 푹 잤는지, 충분히 물을 마셨는지, 건강한 음식과 규칙적인 식사로 영양분을 제대로 섭취하고 있는지 알고 싶다. 또한 여러분이 시간을 들여 몸을 씻고 깨끗한 옷을 챙겨 입었는지, 양치와 세수를 했는지 알고 싶다.

학대를 받고 방치되었기 때문에 여러분은 기초 위생을 포함한 기본적인 자기 돌봄의 중요성을 알아차리지 못할 수도 있다. 나르시시스트 엄마 밑에서 자라면서 여러분은 자신의 욕구를 두 번째로 생각하는 일이 습관이 되었다. 매일 자신을 돌보는 일은 대단히 중요하다. 기분이 우울하더라도 자기 돌봄을 실천하는 것은 내가 사랑받을 가치가 있는 존재임을 보여 주는 행동이다. 자기 돌봄은 여러분의 정신 건강을 유지하고 자존감과 자아감을 높이는 데 도움이 될 것이다. 기본적인 사항들부터 확실하게 다져 보자.

자기 돌봄의 중요성

꾸준하게 스스로를 돌보는 루틴이 있다면 여러분의 정신 건강에 더 견고한 안정감을 가져다줄 것이다. 나르시시즘 학대와 방치로부터 회복하는 과정에서는 타인을 먼저 돌봐야 한다는 사고방식에서 벗어나는 일이 중요하다. 여러분은 어린 시절 내내 그리고 성인기에 들어설 무렵까지 스스로를 최하위로 두었다. 그렇게 하도록 엄마가 요구했기 때문이다. 엄마의 욕구가 항상 최우선이었다. 드디어 여러분이 보살핌을 받는 느낌이 무엇인지 알 차례다.

지금이야말로 스스로를 되돌아볼 시간이다. 몸이 무엇을 필요로 하는지 알아차리자. 사랑과 수용으로 마음을 크기를 키우자. 이러한 기술들은 연습할수록 삶의 태도가 된다. 여러분은 자기 자신을 사랑하고 잘못된 것은 거부하는 행동이 어떤 느낌인지 알게 될 것이다. 직관에 조금 더 주의를 기울여 보자. 우리 모두에게는 직관이 있으며, 직관이야말로 최고의 안내자다.

상담 과정에서 나는 나르시시스트 엄마를 둔 딸들이 또 다른 나르시시즘 관계에 빠지거나 엄마와 예전으로 돌아가는 것을 상당히 두려워하는 모습을 봐 왔다. 나의 조언은 다음과 같다.

- 항상 직감을 믿자.
- 위험 신호에 주의를 기울이자.
- 타인의 행동을 대신 변명해 주지 말자.
- 여러분이 고맙다고 생각하거나 배워야 할 자질이 없는 사람들도 있다는 사실을 받아들이자.
- 사람이든 사물이든 불안정하고 위험한 느낌이 들면 거부하자.

나 자신을 조율해 나가려면 훈련이 필요하다. 과잉 경계와 걱정에서 자유로워진다면 여러분은 직관과 만나게 될 것이다.

깊은 수준의 자기 돌봄은 다른 사람들과 연결되는 것이다. 우리는 이미 지지 관계의 중요성에 대해 다뤘다. 핵심은 우리가 서로 연결이 필요한 사회적 동물이라는 점이다.

무엇이든 여러분을 가장 평온하게 해 주는 것과 연결되어 있어야 한다. 이는 자연 혹은 예배당에서 시간을 보내는 것을 의미할 수도 있다. 운동 또한 자기 돌봄의 필수 요소다. 몸을 움직이면서 여러분은 신체와 접촉하고 어디에 스트레스와 트라우마가 머물고 있는지 파악할 수 있다.

명상과 자기 돌봄

　명상은 고요하고 자기 자신에게 집중할 수 있다. 그래서 자기 돌봄을 탐구하기 위한 첫 시작으로 아주 훌륭한 선택이다. 조용한 곳에 눈을 감고 바닥에 앉아 있을 때만 명상을 할 수 있는 것은 아니다. 좋아하는 의자에 앉거나 멋진 나무 아래 눕는 등 편안하다고 느끼는 장소라면 어디든 선택할 수 있다. 자신의 호흡이나 몸의 감각에 집중해 보자. 천천히 발가락의 감각에 온 힘을 다해 주의를 기울여 보자. 그리고 조금씩 초점을 위로 끌어 올려 신체의 나머지 부분을 골고루 느껴 보자. 마음이 딴 곳을 향하면, 잠시 멈추고 흩어진 마음을 알아차린다. 그 후에 여러분이 머무는 순간으로 초점을 되돌려 보자.

　명상은 트라우마와 관련된 증상을 경험하는 사람들에게 특히 도움이 된다. 명상이란 곧 신체에 현존하는 것이기 때문이다. 트라우마를 겪으면 과거 경험에 반복해서 얽매일 수 있다. 하지만 명상을 통해 우리는 주의를 자기 자신과 현재 상황으로 돌릴 수 있다. 여러분의 명상 시간이 짧더라도 명상을 통해 습득한 기술들은 여러분에게 도움을 줄 수 있다. 여러분이 혼란스러울 때 주의를 나 자신에게도 되돌리는 데 효과적이다.

통제 욕구를
내려놓고
수용하는 연습

수용은 인생을 바꾼다. 애도의 단계와 마찬가지로 수용은 도달하기 쉽지 않은 단계이다. 포기 혹은 항복으로 잘못 해석될 수 있기 때문에 우리는 그곳에 닿고자 자기 자신과 싸우고 있을지도 모른다. 하지만 현실을 수용하는 것은 스스로를 위해 할 수 있는 가장 용감한 일이다. 타협을 비롯해 과거가 달랐으면 하는 바람을 멈출 수 있을 때 우리는 자유로워질 수 있다. 여러분은 더는 '만약에'라는 세계에 살지 않을 것이고, 스스로 원하는 삶을 만들어 갈 것이다.

"내가 더 좋은 성적을 받았더라면, 내가 발레를 더 잘했더라면, 내가 무언가에 뛰어났더라면, 엄마가 나와 더 많은 시간을 보냈을 텐데."

"엄마가 더 상냥하게 대해 주었더라면, 엄마가 진짜 엄마가 아니었더라면, 이웃집 수지 아주머니가 엄마였더라면…."

물론 이렇게 생각했을 때를 여러분은 인지하고 있다. 어쩌면 더 현실적으로 생각했을지도 모른다. 하지만 이런 생각을 할 때가 바로 여러분이 진짜 현실을 수용하지 못하고 있는 것이다. 그러다 결국 여러분은 과거에 갇히게 된다.

여러분은 현재와 과거의 상황을 완전하게 수용하고 '만약에'라는 세계에서 빠져나와야 한다. 스스로를 위한 더 나은 미래를 만드는 일은 오직 진정한 삶을 통해서만 가능하다. 엄마는 아마 삶의 기준을 높게 잡았을 것이다. 여러분은 명품 옷을 소유하거나 부유한 동네에서 사는 것이 행복을 가져다준다고 배웠지만, 정말 그런가?

통제 욕구를 내려놓는다는 말은 내가 가지지 못한 것을 바라지 않는다는 뜻이다. 통제 욕구를 내려놓을 때 우리는 가진 것에 감사하게 된다. 화창한 날, 아름다운 꽃, 가장 좋아하는 잠옷 등이 기쁨의 원천이 될 수 있다. 이처럼 사소한 것들이 큰 차이를 만들어 낸다. 수용적 태도를 기르면 애초에 존재하지 않은 완벽한 과거를 만들어 내느라 시간을 낭비하는 것보다 훨씬 긍정적인 효과를 가져온다.

여러분 삶에 이미 존재하며 성취감을 주는 것들의 목록을 머릿속으로 만들어 보자(진짜 목록을 쓰고 싶어질 수도 있다). 이 작업은 여러분이 통제에서 수용의 태도로 전환하는 데 도움이 될 것이다. 저항이나 어려움 없이 여러분 앞에 나타난 일들에 감사할 수 있을 때 중요하지 않은 것들을 흘려보낼 수 있다. 여러분을 진심으로 사랑하는 친구와 대화할 때 느끼는 기쁨에 감사할 수 있다면 여러분은 과거의 진실을 계속 피할 필요가 없을 것이다. 그 대신 온전히 현재를 살고 경험하는 일에 끌릴 것이다.

통제라는
환상

여러분이 경험한 학대와 방임은 삶에 엄청난 통제력을 발휘하도록 노력하게 만든다. 여러분은 과잉 보상을 통해 어릴 때 가지지 못한 통제력을 만회하려 할지도 모른다. 하지만

●

'만약에'라는 세계에서 빠져나와야 한다.
스스로를 위한 더 나은 미래를 만드는 일은
오직 진정한 삶을 통해서 가능하다.

통제할 수 있는 것은 오직 자기 자신과 자신의 반응뿐이다. 자신의 바깥에 있는 것을 통제하려는 노력은 부질없다. 아무리 애쓴다 해도 외부적인 힘에 가할 수 있는 통제는 매우 제한적이다. 사실상 여러분에게 타인의 행동을 통제할 수 있는 힘은 없다. 통제라는 환상은 그럴듯하며 저항할 수조차 없을지도 모르겠다. 하지만 그것이 환상에 불과함을 깨닫는다면 여러분은 훨씬 자유로워질 수 있다.

통제라는 환상을 버리는 일은 곧 수용적 태도의 실천을 의미한다. 수용은 여러분의 마음속 공간을 깨끗하게 정리해 주기에 여러분은 남은 에너지를 다른 곳에 쓸 수 있다. 이 에너지는 여러분이 치유되려면 정말로 필요한 것이 무엇인지 의식적으로 탐구하는 데 사용될 수 있다.

많은 사람이 통제력을 포기하지 못하는 이유는 비현실적인 기대에 집착하고 있기 때문이다. 여러분은 상황이 다르게 흘러갔거나 공정했기를 바란다. 그리고 과거 잘못된 일들을 바로잡을 수 있었길 바란다. 하지만 현실을 수용하고 기대를 흘려보내는 것이야말로 만족을 위한 열쇠가 된다.

목표는
당신을
나아가게 한다

　이 책을 읽는 동안 여러분은 지금까지 경험한 고통과 괴로움에 더는 영향 받지 않기 위한 몇 가지 목표를 생각해 봤을 것이다. 이 책에서 설명한 기법들을 따라 하다 보면 여러분은 목표를 달성할 수 있는 위치에 서게 될 것이다. 목표는 여러분이 회복 과정을 헤쳐 나갈 수 있게 해 준다. 또한 진정한 나 자신을 계속 성찰할 수 있는 기반을 마련해 준다. 여러분의 삶이 어디로 흘러가길 원하는지, 살면서 내가 어떤 사람이 되기를 원하는지에 초점을 맞춰야 한다. 목표 설정을 통해 여러분은 올바른 방향으로 나아갈 수 있다. 더 이상 반복해서 슬픔에 잠기거나 과거가 달랐기를 바라지 않게 될 것이다. 여러분은 계속해서 미래를 내다보고, 여러분의 방식대로 미래를 펼쳐나가야 할 위치에 있다. 여러분은 여러분이 고유한 사람이라는 점을 고려하지 않는 관계에서 벗어날 수 있다. 여러분이 자신이 원하는 대로 옷을 입거나 행동하길 바라고 또 자신을 사랑해 주길 원하는 엄마의 통제 아래 살지 않을 것이다.

여러분이 추구하기로 한 목표들은 깊은 수준에서 여러분에게 진정한 반향을 불러일으켜야 한다. 그렇지 않으면 목표를 따라가는 내내 가치를 발견하지 못할 것이다. 아래 제시한 목표들을 고려해 봐도 좋다. 여러분에게 중요한 목표들을 설정하는 출발점으로 활용할 수 있을 것이다.

- 진실하다고 느껴지지 않는 행동이나 사고방식을 모두 제거하자. 다시 말해, 평화를 지키고 싶어서 여러분에게 오는 모든 부탁에 응하는 것이 익숙하다면 스스로에게 거절을 허락하자. 들어줄 수 있을지 자신이 없는 부탁에는 고민하는 시간을 충분히 갖도록 하자.

- 여러분이 무엇을 믿고 여러분에게 무엇이 중요한지 파

악하는 시간을 가지자. 사람들이 의견을 표현할 때 내면이 보이는 진정한 반응이 무엇인지 주목하자. 그것을 천천히 하나씩 뜯어보면서 여러분에게 잘 맞고 진실하다고 느껴지는 곳에 자리를 잡으면 된다. 그리고 여러분의 몸과 마음에서 어떤 느낌이 드는지 살펴보자. 진짜 여러분의 생각과 의견이라면 편안함과 확신이 느껴져야 한다.

· 여러분의 지혜를 믿자. 여러분은 엄마의 권위와 결정을 묵인해 왔다. 그 결과, 여러분은 자기 자신을 신뢰하는 법을 배우지 못했다. 이제는 그런 사고방식을 바꿔야 할 때다. 크든 작든 결정을 내릴 기회를 놓치지 않는 것부터 시작하자. 여러분의 결정이 옳았음이 밝혀지면 마음껏 축하하자. 만약 여러분의 결정이 틀렸다면 그 경험을 배움의 기회로 환영하면 된다.

목표를 세우는 법

목표에 효과적으로 도달하는 방법에 관해 많은 연구가 이뤄져 왔다. 연구에 따르면 달성 가능성이 높은 작은 목표가 가장 효과적이라고 한다. 세부 목표나 달성 단계도 없이 무턱대고 크고 중요한 목표를 세우면 그 목표에 압도당해 쉽게 포기하게 된다. 일례로 여러분의 목표가 '엄마에게서 존중받을 수 있게 행동하기'라면 경계를 설정하는 일부터 시작해야 한다. 경계를 지키는 것은 '엄마에게서 존중받기'라는 더 큰 목표에 도달하기 위한 단계라고 할 수 있다. 만약 여러분이 그저 "이젠 엄마가 나를 무례하게 대하는 것을 참지 않겠다"라고 말한다면 과연 어떻게 목표를 이룰 수 있을까?

최종 목표는 존중을 받는 것이다. 그렇다면 엄마의 기대 중 수용할 수 있는 것과 없는 것을 구분하는 일이 세부 목표가 된다. 여러분의 경계를 제대로 설명하고 미리 계획한 구체적인 행동으로 꾸준히 경계를 강화하자. 그럼으로써 여러분의 최종 목표를 달성할 수 있을 것이다.

또 다른 목표는 '직관 신뢰하기'가 될 수 있다. 무언가 잘못되었다고 느낄 때 문제에서 한 발짝 떨어져 여러분의 느낌을 탐구하는 것도 하나의 해결책이 된다. 그런 다음 조심스럽게 앞으로 나아가 보자.

홀로
해냈다는
자신감

　아직 나의 일부로 남아 있는 내면 아이를 사랑으로 다시 보살피고 양육하는 것이 회복의 핵심 요소다. 멜린다처럼 내면 아이 치유를 통해 여러분은 더 건강한 애착 유형을 형성할 수 있다.

　내면 아이 치유 작업은 내가 상담실에서 사용하는 치료의 한 방식이다. 내담자였던 멜린다는 자신의 선택에 자신감을 가지고 온전함을 느끼고자 하는 목표가 있었다. 목표에 도달하는 데 도움을 얻기 위해 이 치료를 활용했다. 과거 그녀는 자신의 욕구를 묵인하는 형태로 엄마와의 관계를 치유하는 데 시간을 썼다. 거리상 엄마를 1년에 몇 번 정도만 볼 수 있었기 때문에 이러한 관계를 지속할 수 있다고 생각했다. 그러던 중 멜린다는 곧 있을 엄마의 방문에 맞춰 미친 듯이 세세하게 계획을 짜는 이 진절머리 나는 행동을 그만두기로 했다. 예전에는 집안을 샅샅이 뒤지며 새로 산 물건들을 숨기고 구석마다 먼지 하나 없이 깨끗한지 확인했다.

멜린다는 엄마와 경계를 구분 지었다고 생각했다. 하지만 엄마의 방문 날짜가 다가올수록 단지 엄마와 정기적으로 통화하는 것을 피했을 뿐이었다. 그녀는 엄마와 함께 있을 때 엄마의 행동을 용인했다는 사실을 깨달았다. 그녀는 더 이상 엄마의 기대에 신경 쓰지 않겠다고 마음먹었을 때가 진정한 자기 자신이 되기 위해 노력해야 할 때라고 판단했다. 멜린다는 스스로를 신뢰할 수 있도록 단계를 밟아 나갔다.

멜린다는 거실에 놓을 새 가구를 살지 말지 지나치게 고민했다. 가구를 사면 왜 그런 데에 돈을 썼느냐는 엄마의 질문에 대답해야 한다는 점을 알고 있었기 때문이다. 그녀는 잠시 멈춰서 혹시 내가 내 삶을 통제하려는 사람을 믿고 있었던 것은 아닌지 살펴보는 목표를 세웠다. 그리고 이제는 스스로를 신뢰할 때라고 생각했다. 멜린다는 가구를 사기로 결정했다. 엄마에게는 낡은 가구를 바꿔야 했다고만 말하기로 했다. 그리고 엄마에게 그 이상 설명하려 하지 않았다. 그녀는 집 안 수리에 대한 스스로의 판단을 신뢰하는 것과 같이 작은 목표들부터 이루어 나갔다. 또한 본인의 직관과 욕망의 목소리를 들었다. 그녀는 자신의 선택을 인정했는데, 이는 어렸을 때 경험하지 못한 일이었다. 엄마가 도착했을 무렵 멜린다는 혼자 힘으로 집을 수리하고 가구를 들였다는 성취감에 뿌듯해했다. 엄마에게 어떤 변명이나 사과도 하지 않았다. 이제 멜린다는 전반적으로 의사 결정에 더 큰 자신감을 느끼게 되었다.

전문가의 도움
요청하기

그 어느 때보다도 정신건강 관리의 필요성을 이해하고 받아들이는 사회가 형성되었다. 하지만 낙인을 완전히 제거하기 위해서는 아직 할 일이 남아 있다. 전문가의 도움을 구하는 선택은 전혀 부끄러운 일이 아니며, 살면서 몇 번은 그렇게 해야 할지도 모른다. 나르시시즘 학대는 눈에 띄지 않는 곳에서 발생하고 피해자가 그 상황을 설명하는 것조차 어려울 때가 많다. 엄마가 여러분의 화장을 트집 잡을 때 얼마나 절망적인 기분인지 친구들에게 설명하기란 쉽지 않다. 엄마의 비난에 담긴 심층적인 의미를 완벽하게 설명하기란 불가능하다.

심리치료사는 그 비난의 미묘한 뉘앙스를 이해할 수 있다. 그리고 이런 종류의 비난이 어떤 식으로 여러분의 마음에 침투하는지 볼 수 있게 도와줄 것이다. 나르시시즘 학대 피해자들을 전문적으로 치료하는 심리치료사들이 많은 것은 아니다. 하지만 심리치료사 대부분이 나르시시즘의 개념과 그것이 어떻게 정서적 학대로 이어지는지를 잘 알고 있다. 심리치료사의 도움을 구함으로써 얻을 수 있는 또 다른 이점에는 건강한 관계란 무엇인지 볼 수 있다. 여러분과 치료사의 관계는 공적이기도 하지만, 분명 사적인 부분도 있다. 여러분의 아픔을 나누고 치료사의 도움을 받으려면 그 사람을 신뢰하는 법을 익혀야 하기 때문이다. 치료사와 관계를 맺으며 여러분이 만들어가는 변화에 대한 지지와 강화, 격려를 얻을 수 있다.

이 책처럼 여러분의 치유 여정에 지속적으로 도움을 줄 수 있는 전문가의 책들이 몇 권 있다. 그리고 온라인 혹은 오프

라인에서 지지집단을 찾아볼 수도 있다. 나르시시즘 학대 생존자들이 서로를 지지하도록 돕는 소셜 미디어 모임도 찾아볼 수 있다.

하지만 이 같은 대체 자원이 전문 치료를 대신하지는 않는다. 나르시시즘이라는 주제를 다루는 여러 책과 치료사, 집단이 존재한다는 사실이 이를 입증한다. 여러분은 다른 여성들도 나르시시스트 엄마 때문에 비슷한 경험이 있었음을 이제 확실히 알았을 것이다. 심리치료는 여러분이 올바른 방향으로 가고 있다고 믿음을 준다. 또한 여러분이 중심을 잃었을 때 다시 궤도에 오를 수 있도록 도와준다.

심리치료사와 함께 여러분은 역할극을 통해 엄마와 대화하는 법을 연습할 수 있다. 그리고 그들과 대화하는 것만으로도 여러분이 느끼고 경험하는 것들을 있는 그대로 표현할수 있다. 잘 훈련된 전문가는 여러분의 여정을 지원하는 올바른 방법을 알고 있다. 회복은 많은 수고가 들어가며, 여러분 혼자 이를 떠맡아야 할 이유는 없다. 주변에 구할 수 있는 도움은 구하고 받아들여 여러분이 꿈꿔온 삶을 시작하자.

: 당신은 중심을 지킬 수 있다

이 장을 통해 여러분은 자신을 돌보는 일이 회복에 얼마나 중요한지 깨달았다. 자신을 사랑하고 수용하는 태도는 꼭 필요하며 이기적이거나 나약하다고 여겨져서는 안 된다. 이러한 개념들이 치료 작업을 시작할 때 여러분에게 어색하게 느껴질 테지만, 곧 자신이 가치 있다는 느낌에 익숙해질 것이다. 여러분이 엄마에게 받은 메시지는 여러분이 엄마의 필요를 위해 존재한다는 내용이다. 그러나 여러분은 이제 엄마의 기대가 받아들여져선 안 됐다는 것을 알고 있다. 여러분이 사랑과 친절, 존중을 받을 자격이 있다는 믿음은 타당하다. 그리고 이 목표를 향해 나아가는 데 여러분을 도와줄 수 있는 도구도 가지고 있다.

나는 여러분에게 학대적이고 해로운 사람들이 누구든 간에 여러분의 삶에서 그들을 놓아버리길 희망한다. 설령 그 해로운 사람이 엄마라 할지라도 말이다. 여러분을 지지하고 사랑하는 사람들로 주변을 채우고 여러분만의 가족과 지지 체계를 만들어도 괜찮다. 마지막으로 가정 폭력 문제를 도울 수 있는 심리치료사나 영적 지도자, 동료 집단 혹은 기관의 지원을 구하는 것은 결코 부끄러운 일이 아니다.

이 장의 중요한 핵심 내용은 다음과 같다.

- 자기 돌봄을 연습해야 한다.
- 통제는 보이는 것만큼 중요하지 않다.
- 상황을 그대로 수용하는 것이 곧 자유다.
- 목표를 세우면 중심을 잃지 않을 수 있다.
- 심리치료는 여러분이 최고의 삶을 사는 데 중요한 도구가 될 것이다.

건강한 관계 맺기는
지금부터 시작이다

축하한다! 여러분은 자신감과 신뢰, 사랑, 수용으로 채워진 삶을 창조하는 길로 가고 있다. 나르시시즘 학대를 인식하기까지 상당한 노력이 필요했다. 이제 그 학대가 엄마와의 관계에서 겪어온 경험이라는 사실을 받아들이는 일은 훨씬 많은 노력이 필요하다. 이 책을 읽음으로써 여러분은 이미 상황을 있는 그대로 받아들이는 과정을 시작한 것이나 다름없다. 이는 건강하고 튼튼한 마음으로 나아가는 가장 큰 도약이다.

이 책은 여러분의 성장과 회복 과정을 도와줄 여러 도구 중 하나일 뿐이다. 여러분이 자기 자신에 대한 치유 작업을 이어가는 동안 이 책에서 배운 내용을 다시 들여다보자. 그리고 나르시시스트 엄마에게서 받은 상처를 치유하는 데 필요한 단계들을 강화해 보자. 여러분이 겪은 일들을 이해하고 여러분을 지지해 주는 사람들이 있음을 기억하자. 그런 사람들을 찾아 안전한 관계를 구축하자. 항상 직감을 믿자! 거기에 여러분의 직관이 있다. 직관의 목소리에 주의를 기울이기 시작할 때 직관은 여러분이 실패하게 두지 않는다는 사실을 알게 된다.

여러분의 몸은 여러분에게 다른 메시지도 보낼 것이다. 그 메시지를 이해하는 데 심리치료사의 도움을 받을 수도 있다. 중압감이 느껴질 때는 몸이 여러분에게 재충전을 위해 잠시 자리에 앉아 쉬어야 한다고 말하는 것을 들어보자. 필요할 때 낮잠을 자는 자유를 허락하자. 여러분은 상처를 치유 중이며 휴식은 성공적인 치유를 돕는다. 여러분의 욕구를 우선시하는 것은 너무나도 당연하다는 사실을 기억하자. 사실, 때로는 자신을 가장 먼저 생각해야 한다. 그래야 내가 원할 때 다른 사람의 요구를 충족시킬 수 있는 힘이 생기기 때문이다. 경계를 설정할 때 죄책감을 느끼지 말고, 건강한 관계는 적절한 경계에서 싹 튼다는 사실도 잊지 말자.

여러분이 내키지 않거나 위험 신호가 느껴지는 부탁을 거절하는 것은 너무도 당연함을 기억하자. 초대나 부탁을 거절하고 싶을 때는 직감을 신뢰하자. 의식을 깨우고 여러분 삶에 존재하는 모든 아름다운 것에 집중하고 감사하자. 그리고 여러분을 행복하게 해 주는 일을 하자. 감사하는 마음은 여러분의 시각을 바꾼다. 감사는 지금까지 해 온 모든 노력과 앞으로 계속해 나갈 노력을 인정하고 이에 자부심을 느끼도록 도와줄 것이다. 아무리 내향적인 사람이라도 타인과의 연결이 필요하기 때문에 여러분이 편하다고 느끼는 범위 안에서 사회활동에 참여하자. 긍정적인 우정은 여러분이 엄마와의 관계에서 경험한 부정적 감정을 대체하는 데 도움이 될 것이다.

여러분은 회복과 더불어 스스로 원하는 사람이 되는 도전을 하고 있다. 이는 결코 쉬운 일이 아니다. 그러나 여러분 인생에서 가장 보람된 여정일 수 있으니 불가능하다고 느껴지더라도 계속 나아가자. 무엇보다 여러분은 할 수 있다는 것을 명심하자!

• 《DBT 다이어렉티컬 행동치료 워크북》, 마샤 M. 리네한, 2015년, 뉴욕 길포
드프레스.

• 〈DSM-IV 자기애성 성격장애의 유병률, 상관관계, 장애 및 공병: 알코올 및
관련 질환에 대한 2차 국가 역학 조사 결과〉, 프레드릭 S. 스틴슨, 데보라 A.
도슨, 라이즈 B. 골드슈타인, S. 패트리샤 추, 보지 황, 샤론 M. 스미스, 준
루언 등, 〈임상정신의학저널〉 69권, 7호, 2008년: 1033–45.doi:10.4088/jcp.
v69n0701.

• 〈극복의 어려움: 외상 후 스트레스 장애〉 2014년 3월 수정, 하버드 건강
출판: Harvard.edu/newsletter_article/Not_getting_over_it_Post-traumatic_
stress_disorder.

• 〈나르시시즘의 공감 능력 부족 메커니즘의 신경 모델〉, 카밀라 얀코위악-시
우다, 보이젝 자이코프스키, 〈메디컬 사이언스 모니터〉, 2013년 11월 19일

• 〈자조와 대처 능력〉, 미국국립 PTSD 센터, 2020년 5월 17일 열람: PTSD.
VA.gov/gethelp/selfhelp_coping.asp.

• 〈작은 단계에 먼저 집중한 후 더 큰 목표로 전환하기〉, 루이즈 리, 2017년 5
월 17일, 스탠포드 비즈니스 인사이트: edu/insights/focus-small-steps-first-

then-shift-larger-goal.

- 《정신장애의 진단 및 통계 편람》제5판, 알링턴 VA, 2013년, 미국정신의학 협회.

| 함께 보면 좋은 자료

- 나르시시즘 학대 회복 센터
  홈페이지: NarcAbuseRecoveryCenter.com

- 미국 국립가정폭력 지원센터가 집계한 가정 폭력 정보 센터
  홈페이지: VAWnet.org

- 스티븐스 테라피 어소시에이트
  홈페이지: StephensTherapy.com

ㄱ

가스라이팅, 122쪽

가치, 164쪽

경쟁, 75쪽

고전적 조건 형성, 212쪽

공감 능력 부족, 42쪽, 54쪽

공급원, 107쪽

공동 의존, 94쪽

공동체적 나르시시스트, 63쪽

과도한 칭찬, 35쪽

과잉 경계, 198쪽

관점, 168쪽

기대, 40쪽

기회주의, 47쪽

ㄴ

나르키소스, 23쪽

나와 가족 보호하기, 209-214쪽

내현적 나르시시스트, 65쪽

ㄷ

다이어렉티컬 행동치료 워크북,
149쪽

단절, 77-78쪽

ㅁ

마음챙김, 133-134쪽

망상적 사고, 48쪽

명상, 233쪽

물질만능주의, 53쪽

ㅂ

방임, 197쪽

변증법적 행동치료, 149쪽

보이젝 자이코프스키, 41쪽

복합외상 후 스트레스 장애(CPSD), 118쪽

부모화, 34쪽

부양, 180쪽

부적 강화, 212쪽

부정, 185-186쪽

분노, 132쪽

불신, 119-120쪽

불안정 애착, 101쪽

비난, 38쪽

ㅅ

셀프 가스라이팅, 122쪽

소비지상주의, 43쪽

소셜 미디어, 43쪽, 68쪽

수용, 134쪽

수치심, 72-73쪽, 143-146쪽

심리 치료, 247-249쪽

ㅇ

악성 나르시시스트, 66쪽

안정 애착, 100쪽

애도, 184쪽

애착 손상, 105쪽

애착 유형, 99쪽

애착 이론, 98쪽

양가 애착, 101쪽

외상 후 스트레스 장애(PTSD), 118쪽

우울, 119쪽, 189쪽

우울 콤플렉스, 51쪽

유대감, 88-90쪽

인에이블러, 109쪽

ㅈ

자기 돌봄, 115쪽

자기애성 성격장애의 원인, 33쪽

자존감, 205쪽

자해, 121쪽

정적 강화, 212쪽

지지 관계, 212쪽

확언, 207-209쪽

회피 애착, 103쪽

ㅊ

출구 전략, 169쪽

취약성, 143쪽

침착함, 174쪽

ㅌ

타협, 187쪽

통제, 237-239쪽

트라우마, 195쪽

트리거, 155쪽

ㅎ

해리, 118쪽

혼돈 애착, 104쪽

엄마로 인해 무기력한 딸을 위한 회복 심리학

나르시시스트 관계 수업

1판 1쇄 2023년 4월 24일
1판 3쇄 2023년 12월 27일

지은이 브렌다 스티븐스
옮긴이 이애리
펴낸이 유경민 노종한
기획편집 유노라이프 박지혜 구혜진 **유노북스** 이현정 함초원 조혜진 **유노책주** 김세민 이지윤
기획마케팅 1팀 우현권 이상운 **2팀** 정세림 유현재 정혜윤 김승혜
디자인 남다희 홍진기
기획관리 차은영
펴낸곳 유노콘텐츠그룹 주식회사
법인등록번호 110111-8138128
주소 서울시 마포구 월드컵로20길 5, 4층
전화 02-323-7763 **팩스** 02-323-7764 **이메일** info@uknowbooks.com

ISBN 979-11-91104-63-9 (03180)